朔方文庫

兵部問寧夏案
〔明〕佚名 撰　胡玉冰 校注

兵部鎮守寧夏將軍檔案
〔清〕佚名 撰　胡玉冰 校注

平羅底稿簿
〔清〕佚名 撰　胡玉冰 校注

化平廳草簿
〔清〕宋樹森 宋克用 撰　胡玉冰 等校注

主編　胡玉冰

上海古籍出版社

圖書在版編目(CIP)數據

兵部問寧夏案／(明)佚名撰；胡玉冰校注. 兵部鎮守寧夏將軍檔案／(清)佚名撰；胡玉冰校注. 平羅底稿簿／(清)佚名撰；胡玉冰校注. —上海：上海古籍出版社，2023.9
(朔方文庫)
本書與"化平廳草簿"合訂
ISBN 978-7-5732-0799-9

Ⅰ.①兵… ②兵… ③平… Ⅱ.①佚… ②佚… ③胡… Ⅲ.①地方政府-行政管理-研究-西北地區-明清時代 Ⅳ.①D691.22

中國國家版本館 CIP 數據核字(2023)第 152961 號

朔方文庫
兵部問寧夏案
〔明〕佚 名 撰 胡玉冰 校注
兵部鎮守寧夏將軍檔案
〔清〕佚 名 撰 胡玉冰 校注
平羅底稿簿
〔清〕佚 名 撰 胡玉冰 校注
化平廳草簿
〔清〕宋樹森 宋克用 撰 胡玉冰 等校注

上海古籍出版社出版發行
(上海市閔行區號景路 159 弄 1-5 號 A 座 5F 郵政編碼 201101)
(1) 網址：www.guji.com.cn
(2) E-mail: guji1@guji.com.cn
(3) 易文網網址：www.ewen.co
上海展強印刷有限公司印刷
開本 710×1000 1/16 印張 14.5 插頁 6 字數 189,000
2023 年 9 月第 1 版 2023 年 9 月第 1 次印刷
ISBN 978-7-5732-0799-9
K·3419 定價：108.00 元
如有質量問題，請與承印公司聯繫
電話：021-66366565

國家社會科學基金重大項目
"《朔方文庫》編纂"（批准號：17ZDA268）經費資助出版

寧夏回族自治區"十三五"重點學科
"中國語言文學"學科建設經費資助出版

寧夏大學"民族學"一流學科群之"中國語言文學"學科
（NXYLXK2017A02）建設經費資助出版

《朔方文庫》委員會名單

學術委員會

主　任：陳育寧

委　員：（按姓氏筆畫排序）

　　　　于　亭　　呂　健　　伏俊璉　　杜澤遜　　周少川　　胡大雷

　　　　陳正宏　　陳尚君　　殷夢霞　　郭英德　　徐希平　　程章燦

　　　　賈三强　　趙生群　　廖可斌　　漆永祥　　劉天明　　羅　豐

編纂委員會

主　編：胡玉冰

委　員：（按姓氏筆畫排序）

　　　　丁峰山　　田富軍　　安正發　　李建設　　李進增　　李學斌

　　　　李新貴　　邵　敏　　胡文波　　胡迅雷　　徐遠超　　馬建民

　　　　湯曉芳　　劉鴻雁　　趙彥龍　　薛正昌　　韓　超　　謝應忠

總　　序

陳育寧

　　寧夏古稱"朔方"，地處祖國西部地區，依傍黃河，沃野千里，有"塞上江南"之美譽。她歷史悠久，民族衆多，文化積澱豐厚。在這片土地上産生並留存至今的古代文獻檔案數量衆多、種類豐富，有傳統的經史子集文獻、地方史志文獻、西夏文等古代民族文字文獻、岩畫碑刻等圖像文獻，以及明清、民國時期的公文檔案等，這些文獻檔案記述了寧夏歷朝歷代人們在思想、文化、史學、文學、藝術等各方面的成就，藴含着豐富而寶貴的、具有地域和民族特色的歷史文化内涵，是中華各民族人民共同的精神和文化財富，保護好、傳承好這批珍貴的文化遺産，守護好各民族共有的精神家園，扎實推進新時期文化的繁榮發展，是寧夏學者義不容辭的擔當。

　　黨和國家歷來高度重視和關心文化傳承與創新事業，積極鼓勵和支持古籍文獻的收集、保護和整理研究工作，改革開放以來，批准實施了一批文化典籍檔案整理與研究重大項目，取得了一大批重要成果。2017年1月，中共中央辦公廳、國務院辦公廳印發《關於實施中華優秀傳統文化傳承發展工程的意見》，把中華優秀傳統文化的傳承和發展推上了新的歷史高度。《意見》指出，要"實施國家古籍保護工程"，"加强中華文化典籍整理編纂出版工作"。這給地方文獻檔案的整理研究，帶來了新的機遇。

　　寧夏作爲西部地區經濟欠發達省份，一直在積極努力地推進優秀傳統文化傳承發展事業。2018年5月，《寧夏回族自治區實施中華優秀傳統文化傳承發展工程方案》和《寧夏回族自治區"十三五"時期文化發展改革規劃綱要》正式印發，爲寧夏文化事業的發展繪就了藍圖。寧夏提出了"小省區也能辦大文化"的理念，决心在地方文化的傳承發展上有所作爲，有大作爲。在地方文獻檔案整理研究方面，寧夏雖資源豐富，但起步較晚，力量不足，國家級項目少。

這種狀況與寧夏對文化事業的發展要求差距不小，亟須迎頭趕上。在充分論證寧夏地方文獻檔案學術價值及整理研究現狀的基礎上，以寧夏大學胡玉冰教授爲首席專家的科研團隊，依托自治區"古文獻整理與地域文化研究"人文社科重點研究基地以及自治區重點學科"中國語言文學"、重點專業"漢語言文學"的人才優勢，全面設計了寧夏地方歷史文獻檔案整理研究與編纂出版的重大項目——《〈朔方文庫〉編纂》，並於 2017 年 11 月申請獲批立項爲國家社科基金重大項目，這一項目的啓動，得到了國家的支持，也有了更高的學術目標要求。

　　編纂這樣一部大型叢書，涉及文獻數量大、種類多，時間跨度長，且對學科、對專業的要求高，既是整理，更是研究，必須要有長期的學術積累、學術基礎和人才支持。作爲項目主持人，胡玉冰教授 1991 年北京大學畢業後，一直在寧夏從事漢文西夏文獻、西北地方（陝甘寧）文獻、回族文獻等爲主的古文獻整理研究工作，他是寧夏第一位古典文獻專業博士，已主持完成了 4 項國家社科基金項目，包括兩項重點項目，出版學術專著 10 餘部。從 2004 年主持第一項國家社科基金項目開始，到 2017 年"《朔方文庫》編纂"作爲國家社科基金重大項目立項，十多年來，胡玉冰將研究目標一直鎖定在地方文獻與民族文獻領域。其間，他完成的國家社科基金項目結項成果《寧夏古文獻考述》，是第一部對寧夏古文獻進行分類普查、研究，具有較高學術價值的成果，爲全面整理寧夏古文獻提供了可靠的依據；他完成的《傳統典籍中漢文西夏文獻研究》入選《國家社科基金成果文庫》，爲《朔方文庫·漢文西夏史籍編》奠定了研究基礎；他完成出版的《寧夏舊志研究》，基本摸清了寧夏舊志的家底，梳理清楚了寧夏舊志的版本情況，爲《朔方文庫·寧夏舊志編》奠定了研究基礎。在項目實施過程中，胡玉冰注重與教學結合，重視青年人才培養，重視團隊建設。在寧夏大學人文學院，胡玉冰參與創建的西北民族地區語言文學與文獻博士學位點、中國古典文獻學碩士學位點，成爲寧夏培養古典文獻專業高級專門人才的重要陣地。他個人至今已培養研究生 40 多人，這些青年專業人員也成爲《朔方文庫》項目較爲穩定的團隊成員。關注相關學術動態，加強與兄弟省區和高校地方文獻編纂同行的學術交流，汲取學術營養，也是《朔方文庫》在實施過程中很重要的一則經驗。

　　《朔方文庫》是目前寧夏規模最大的地方文獻整理編纂出版項目，其學術意義與社會意義重大。第一,有助於發掘和整合寧夏地區的文化資源,理清寧夏文脉,拓展對寧夏區情的認識,有利於增强寧夏文化軟實力,提升寧夏的影響力,促進寧夏經濟社會全面發展;第二,有助於深入研究寧夏歷史文化的思想精髓和時代價值,具有歷史學、文學、文獻學、民族學等多學科學術意義,推動寧夏人文學科的建設與發展;第三,有助於推進寧夏高校"雙一流"建設,帶動自治區人文社科重點研究基地、重點學科、重點專業以及學位點建設,對於培養有較高學術素質的地方傳統文化傳承與創新的人才隊伍有積極意義;第四,在實施"一帶一路"倡議大背景下,深入探討民族地區文獻檔案傳承文明、傳播文化的價值,可以更好地爲西部地區擴大對外文化交流提供决策支持。

　　編纂《朔方文庫》,既是堅定文化自信、鑒古開新、傳承和弘揚中華優秀傳統文化的需要,也是服務當下經濟社會文化發展的需要,是一項功在當代、澤溉千秋的文化大業。截至 2019 年 7 月,本重大項目已出版大型叢書兩套、研究著作,依托重大項目完成碩士研究生學位論文 9 篇。叢書《朔方文庫》爲影印類古籍整理成果,按專題分爲《寧夏舊志編》《歷代人物著述編》《漢文西夏史籍編》《寧夏典藏珍稀文獻編》《寧夏專題文獻和文書檔案編》共五編。首批成果共 112 册,收書 146 種。其中《寧夏舊志編》32 册 36 種,《歷代人物著述編》54 册 73 種,《漢文西夏史籍編》15 册 26 種,《寧夏典藏珍稀文獻編》10 册 7 種,《寧夏專題文獻和文書檔案編》1 册 4 種。《寧夏珍稀方志叢刊》共 16 册,爲點校類古籍整理成果,由中國社會科學出版社、上海古籍出版社分别於 2015 年、2018 年出版。《朔方文庫》出版時,恰逢寧夏回族自治區成立 60 周年,這也説明,在寧夏這樣的小省區是可以辦成、而且已經辦成了不少文化大事,對於促進寧夏文化事業的發展、提升寧夏知名度起到了重要作用。同時也要看到,由於基礎薄弱,條件和力量有限,我們還有許多在學術研究和文化建設上想辦、要辦而還未辦的大事在等待着我們。

　　國内出版過多種大型地方文獻的影印類成果,但尚未見相應配套的點校類整理成果。即將由上海古籍出版社推出的《朔方文庫》點校類整理成果,是胡玉冰及其學術團隊在影印類成果的基礎上的再拓展、再創新。從這一點來説,國家社科基金重大項目"《朔方文庫》編纂"開創了一個很好的先例,即在基本完成影印任務的情况下,依托高質量的研究成果,及時推出高質量的點校類整理成果,將極大地便於學界的研究與利用。我相信,《朔方文庫》多類型學術

兵部問寧夏案　兵部鎮守寧夏將軍檔案　平羅底稿簿　化平廳草簿

成果的編纂與出版，再一次爲我們提供了經驗，增强了信心，展現了實力。祇要我們放開眼界，集聚力量，發揮優勢，精心設計，培養和選擇好學科帶頭人，一個項目一個項目堅持下去，一個個單項成績的積累，就會給學術文化的整體面貌帶來大的改觀，就會做成"大文化"，我們就會做出無愧於寧夏這片熱土、無愧於當今時代的貢獻！

2020 年 7 月於銀川

（陳育寧，教授，博士生導師，寧夏回族自治區政協原副主席，寧夏大學原黨委書記、校長）

目　　錄

總序 ································· 陳育寧　1

兵部問寧夏案

校注説明 ··· 3
兵部問寧夏案 ··· 4
　兵部等衙門尚書□□王以旂□一本 ····················· 4
　少師兼太子太師華殿大學士嚴嵩一本 ················· 7
　少師兼太子太師吏部尚書華蓋殿大學士夏言一本 ········ 8
　少師兼太子太師吏部尚書華蓋殿大學士嚴嵩一本 ········ 9
　大學士夏言一本 ·· 10
　吏部等衙門尚書等官聞淵等一本 ······················ 11
　兵部等衙門尚書王以旂等會題 ························· 12
　提督倉場户部尚書劉儲秀一本 ························· 14
　兵部一本 ··· 14
　鎮守甘肅等處總兵官仇鸞一本 ························· 14
　鎮守甘肅總兵官仇鸞一本 ······························· 17
　錦衣衛掌衛事都督同知陸炳一本 ······················ 17
　兵科都給事中等官齊譽等一本 ························· 18
　兵部一本 ··· 19
　鎮撫司一本 ·· 20
　刑部等衙門右侍郎等官詹瀚等一本 ··················· 21
　錦衣衛鎮撫司一本 ··· 25

兵部問寧夏案　兵部鎮守寧夏將軍檔案　平羅底稿簿　化平廳草簿

 錦衣衞見監犯人夏言一本 …………………………………… 26
 刑部等衙門尚書等官喻茂堅等一本 …………………………… 29
 刑部等衙門尚書等官喻茂堅等一本 …………………………… 29
 刑部等衙門尚書等官喻茂堅等一本 …………………………… 30
 刑部等衙門尚書等官喻茂堅等一本 …………………………… 30
 刑部等衙門一本 ………………………………………………… 30

兵部鎮守寧夏將軍檔案

校注説明 ……………………………………………………………… 33
兵部鎮守寧夏將軍檔案 ……………………………………………… 34
 攝字一號 …………………………………………………………… 34
 攝字二號 …………………………………………………………… 35
 攝字三號 …………………………………………………………… 36
 攝字四號 …………………………………………………………… 37
 攝字五號 …………………………………………………………… 38
 攝字六號 …………………………………………………………… 38
 攝字七號 …………………………………………………………… 39
 攝字八號 …………………………………………………………… 40
 攝字九號 …………………………………………………………… 41
 攝字十號 …………………………………………………………… 42
 攝字十一號 ………………………………………………………… 42
 攝字十二號 ………………………………………………………… 43
 攝字十三號 ………………………………………………………… 43
 攝字十四號 ………………………………………………………… 44
 攝字十五號 ………………………………………………………… 44
 攝字十六號 ………………………………………………………… 45
 攝字十七號 ………………………………………………………… 45
 職字一號 …………………………………………………………… 45
 職字二號 …………………………………………………………… 46

職字三號	47
職字四號	48
職字五號	49
職字六號	50
職字七號	50
職字八號	51
職字九號	53
職字十號	53
職字十一號	54
職字十二號	55
職字十三號	55
職字十四號	55
從字一號	56
從字二號	56
從字三號	57
從字四號	58
從字五號	58
從字六號	59
從字七號	59
從字八號	60
政字一號	60
政字二號	61
政字三號	63
政字四號	64
政字五號	64
政字六號	65
存字一號	65
存字二號	66
存字三號	67
存字四號	68

4　　兵部問寧夏案　兵部鎮守寧夏將軍檔案　平羅底稿簿　化平廳草簿

存字五號 …………………………………………………… 70
存字六號 …………………………………………………… 71
存字七號 …………………………………………………… 72
存字八號 …………………………………………………… 72
存字九號 …………………………………………………… 73
存字十號 …………………………………………………… 74
存字十一號 ………………………………………………… 74
存字十二號 ………………………………………………… 74
以字一號 …………………………………………………… 75
以字二號 …………………………………………………… 75
以字三號 …………………………………………………… 76
以字四號 …………………………………………………… 76
以字五號 …………………………………………………… 76
以字六號 …………………………………………………… 77
以字七號 …………………………………………………… 78
以字八號 …………………………………………………… 79
以字九號 …………………………………………………… 80
以字十號 …………………………………………………… 81
以字十一號 ………………………………………………… 81
以字十二號 ………………………………………………… 82
以字十三號 ………………………………………………… 82
以字十四號 ………………………………………………… 82
甘字一號 …………………………………………………… 83
甘字二號 …………………………………………………… 84
甘字三號 …………………………………………………… 84
甘字四號 …………………………………………………… 85
甘字五號 …………………………………………………… 85
甘字六號 …………………………………………………… 86
甘字七號 …………………………………………………… 86
甘字八號 …………………………………………………… 87

甘字九號	87
甘字十號	88
甘字十一號	88
棠字一號	89
棠字二號	91
棠字三號	92
棠字四號	92
棠字五號	93
棠字六號	93
棠字七號	93
去字一號	94
去字二號	94
去字三號	95
去字四號	95
去字五號	97
去字六號	98
去字七號	101
去字八號	102
去字九號	103
去字十號	103
去字十一號	103
去字十二號	104
去字十三號	104
而字一號	104
而字二號	105
而字三號	106
而字四號	106
而字五號	106
而字六號	107
而字七號	107

6　兵部問寧夏案　兵部鎭守寧夏將軍檔案　平羅底稿簿　化平廳草簿

益字一號 …………………………………………………………………… 107
益字二號 …………………………………………………………………… 108
益字三號 …………………………………………………………………… 108
益字四號 …………………………………………………………………… 109
益字五號 …………………………………………………………………… 110
益字六號 …………………………………………………………………… 110
益字七號 …………………………………………………………………… 111
益字八號 …………………………………………………………………… 111
益字九號 …………………………………………………………………… 111
益字十號 …………………………………………………………………… 112
益字十一號 ………………………………………………………………… 112
益字十二號 ………………………………………………………………… 114
益字十三號 ………………………………………………………………… 115
益字十四號 ………………………………………………………………… 116
咏字一號 …………………………………………………………………… 117
咏字二號 …………………………………………………………………… 117
咏字三號 …………………………………………………………………… 117
咏字四號 …………………………………………………………………… 118
咏字五號 …………………………………………………………………… 118
咏字六號 …………………………………………………………………… 119
咏字七號 …………………………………………………………………… 119
咏字八號 …………………………………………………………………… 119
咏字九號 …………………………………………………………………… 120

平 羅 底 稿 簿

校注説明 ……………………………………………………………………… 125
平羅底稿簿 …………………………………………………………………… 128
　光緒七年(1881) ………………………………………………………… 128
　光緒八年(1882) ………………………………………………………… 147

化平廳草簿

校注説明 …………………………………………………… 155
化平廳草簿 ………………………………………………… 158
　光緒拾貳年冬月吉日志 ………………………………… 158
　光緒十三年新正吉日立 ………………………………… 159
　光緒拾肆年新正吉日立 ………………………………… 176
　光緒拾五年正月吉日立 ………………………………… 187
　光緒十六年正月吉日立 ………………………………… 201
　光緒拾柒年新正月吉日立 ……………………………… 210

兵部問寧夏案

〔明〕佚　名　撰　　胡玉冰　校注

校 注 說 明

　　《兵部問寧夏案》,一題《明朝嘉靖二十七年兵部問寧夏案》,一卷,明朝佚名撰。

　　該書是嘉靖皇帝及其大臣關於曾銑復套言行的彙編,以此收集曾銑復套不利於國、不益於民的證據,從而爲嘉靖皇帝曾經支持曾銑開邊的行爲洗脱責任。整部文獻内容分爲兩部分。前一部分主要記述三邊總督曾銑提出收復河套的過程,以及皇帝、大臣對此的看法。後一部分記述曾銑復套失敗後,該事對當時政治生態的影響。就其復套的地域而言,則涉及明軍與蒙古對峙的寧夏、延綏兩鎮。質言之,并非僅僅指寧夏一鎮。

　　目前,有關曾銑復套的文獻較多,諸如《明實錄》《明史·曾銑傳》《復套議》等,但專門爲收集曾銑復套罪名的集中奏議却不多見。所以,《兵部問寧夏案》是集中研究曾銑復套失敗始末的重要文獻,從中亦可進一步窺視嘉靖二十七年(1548)朝廷對邊疆經略態度的變化。

　　《兵部問寧夏案》傳世本爲《玄覽堂叢書》本。原本每半頁十行,行十七字。四周雙邊,白口,無魚尾。版心無内容。本次整理,以《玄覽堂叢書》本爲底本,校以《明實錄》《明史·曾銑傳》等其他歷史文獻。爲方便利用本書,整理者據原文擬列了標題。以脚注表示注釋的内容,校勘記附於卷尾。

兵部問寧夏案

兵部等衙門尚書□□王以旂□一本

欽奉聖諭事。

嘉靖二十七年正月□□日，內閣傳示聖諭："套虜之患久矣。今日出師，征逐爲正，不知果有名者？兵果有餘力？食果有餘積？預見成功之的否？昨王三平知未論功，怏怏不遂臣下心。今行此，一銑何足爲言，祇恐百姓受無罪之殺。我欲不言此，非他，諸欺罔害幾家幾民之命者。不同卿等真知真見，職在輔弼，當行擬行。我內居上處，外事下情，何可知否？票空填來行。欽此。"又，內閣傳示聖諭："卿等將諭寫一張，百數十張發兵部，遍給與多員，人各一張，令看以數日，會疏來聞。欽此。"該兵部恭捧到部，遍給與計員各一張。臣等莊誦宣播，凡在朝臣工，下至里巷庶人，罔不歡躍稱頌大聖人明見萬里之外，計出萬全。而天地好生之仁，惟恐一民不得其所者，雖大舜之修文德以來，苗周之嚴內治而外攘，不是過矣。

臣等知識愚昧，罪當萬死。荷蒙聖慈，不即誅斥，令再疏聞。謹會同後軍都督府掌府事、太保兼太子太傅、宣城伯衛錞，太子太保、吏部尚書聞淵等議得，北虜久竊河套，據爲巢穴，住牧中原內地，連歲侵犯諸邊，深入太原平陽，下窺紫荆，殺虜人民，搶掠財物，上厪宵旰之憂，[1]下切臣民之憤。仰伏皇上天威赫怒，廟算弘敷。往年王三勾引醜虜，畿輔震驚一時，不煩兵革，束手就擒，誠曠世一見之偉績，天下臣民，不勝慶幸。各邊事宜，選將練兵，時加謹備，不縱其再犯。但套虜日衆,勢甚猖獗。

　　嘉靖二十六年十月內,該兵部侍郎曾銑題爲乞昭祖烈以隆萬世治安事,又題爲條陳邊務以保治安事,乞要修築邊墙,驅逐套虜,以恢復疆土。兵部看得,修邊、復套俱爲當務,二者相較,復套爲難,議行具奏定奪。題奉聖旨:"虜據河套,久爲内患。昨連歲深入全陝,生靈被其荼毒,深軫朕懷。前次邊臣無有以逐虜復套爲念者,曾銑所奏,具見壯猷。你部裏許久方譔題覆,迄無定見,還着銑督同各邊撫鎮等官協心圖議,務求長策。嗣上方略,這邊墙千里沙漠,與宣、大地勢不同,只着就要處修築。且將兵部銀暫發二十萬兩,作速解赴總督衙門,聽其修邊、餉兵、造器等項便宜調度支用,專備明年防禦,不許浪費。欽此。"

　　續該本部題稱各官勘議稽遲,兵部覆題奉聖旨:"搜套事有旨,着總督衙門會同嗣上方略,這各該撫鎮等官乃敢延迁不應,顯是避難畏事,且不查究。依擬待防秋之後,或且遲違,總督具實參來處治。欽此。"已經欽行外,嘉靖二十六年十月內,又該本官備將撫鎮各官會議條件奏行,兵部覆題奉聖旨:"虜套爲國家患,朕軫懷宵旰有年矣,念無任之臣。今曾銑前後嗣上方略,卿等既已看詳,便同各官協志定計來説。欽此。"又,該本官將營陣地形畫貼圖説,奏奉聖旨:"覽奏。具見忠略,朕心加悦。并所上營陣地圖,兵部便會廷臣一并看了來説。欽此。"

　　該臣等題節奉欽依事理會議,套虜數爲邊患,神人共憤,但事体重大,總督侍郎曾銑既以身任其事,必須加慎圖成,不許輕率寡謀,致誤事機。錢糧兵馬,非浹旬越月所能辦理,合無先請差命官督餉,大臣量帶司屬官前去籴買糧草添設,憲職督同該鎮將官操練士卒,預處延綏,月糧漸收,沙汰老弱,待其士飽馬騰,食足器利,百務軍務俱有次第,然後奏請差科道官員欽遵事理。① 倘儲蓄器械未備,各營軍士

---

① "理"字右旁書一"行"字。

訓練未精，俱不得輕舉妄動。曾銑奏討山東槍手、河南水夫及神機營火藥，偏保甘肅等處兵馬，俱未敢議奏給發，恭候聖裁。

今蒙捧讀綸音，仰見皇上萬全取勝安邊禦侮之長策，臣等愚昧，萬不及一。傳曰五帝神聖，其臣莫及。臣等雖百言慎重，事在閫外，終難遥制。萬一進兵，力不相接，不免重捐民命。誠如聖諭，祇恐百姓受無罪之殺。大哉皇言，召和致祥，足培萬萬年之基業矣。臣等不勝幸甚，合候命下，行令曾銑不必遠出搜虜，止令嚴督各鎮，用心防禦，儲積糧，蓄兵威，比常十分加謹，務使兵精食足，以尊中國之勢。中國之勢既尊，則虜自當遠遁，河套不期復而自復矣。前議伐各項事宜，便且停罷。若虜不知畏威懼，侵犯邊疆，亦要督率將士，相機截殺。彼此應援，不許推托，怠緩誤事。國典具存，法難輕宥。

再照虜情叵測，各邊防禦尤所當嚴。近因災異，欽奉聖諭："人事防修各邊，亦合通行提備。"臣等看得，前項各邊軍士月糧多欠，而延綏尤甚。蓋以士卒食足而後氣充，氣充而後勇敢，合無仍行督撫各官，務令查補完足。曾銑原討馬匹多係三邊額欠之數，除駄馬多羸弱見議外，所欠原額騎征馬匹，仍宜量給，以備防秋。曾銑原奏招降用間諜，臣等前議，不獨行之。復套，雖九邊平居皆所當以渙其黨，與知彼虛實，合無仍行本官，查照先議，多方招降，厚加賞賚。若可用間諜，亦聽隨宜遣行。各邊將士中間有能收領降人報官者，照例陞賞，不許妄殺報功，查出決令抵罪。其該鎮合補月糧，招降合用銀兩，原額騎征合用馬匹，各該若干，俱听本官查實具奏，敕下戶、兵二部給發施行。上以昭宣德意，下以作其勇敢，庶幾守無不固，戰無不勝，而內治克修，灾變可弭矣。伏乞聖裁。等因。

奉聖旨："套虜非新近事，先期但防守耳。曾銑無故輕訐，説來你每雖奉代擬允許，自當為國為民，深思實慮，如曰議已日久，彼豈不知這個意思。便當入告，如何忍心觀望。一惹禍至，將何救者。本當治罪，與議官各罰住俸禄一個月，兵部侍郎該司的罰俸一年。銑着錦衣衛便急差官校去拿解到京來説。王以旂姑記罪，着兼右僉都御史，即日去代銑任,盡忠督理,以贖前罪。六科并各道言官,這等重事,如何亦無一言。與議的該衛拿在十門前各打三十棍,未議的二十棍放了。兵科的齊譽打五十棍,其餘三十棍放了。仍各罰俸四個月,其餘戶、兵二部还再加詳議,作速來説。該衙門知道。"

少師兼太子太師華殿大學士嚴嵩一本

輔政無狀,有負國家大事,不能匡正,理當自劾,乞賜罷黜,以懲不職事。

近該兵部議曾銑所奏復套緣由,蒙皇上將諭內閣:"套虜之患久矣,今日出師,征逐爲正,不知果有名者?兵有餘力?食有餘積?預見成功之的否?昨王三平知未論功,怏怏不遂臣下心。今行此,一銑何足爲言,祇恐百姓受無罪之殺。我欲不言此,非他,諸罔害幾家幾民之命。不同卿真知真見,職在輔弼,當行擬行。我居內上處,外事下情,何可知否?票空填來行。欽此。"捧讀,無任悚愧。

切惟套虜之患,議者雖以逐虜復地爲名,但套虜之患久矣。祖宗時豈無力復之?臣下有建議欲復,而卒不果行者,蓋必有深意焉。今兵力視祖宗時強弱何如?倉廩空虛,連年發去邊銀耗乏,一旦議征,師出無名。且兵食所積,誠有如皇上聖慮所云者。臣看得曾銑奏內征討必用三年,每次用兵十二萬。每一征用銀一百四五十萬兩,計三征,用銀五百餘萬兩。銑又云,此特估計大略,若臨事欠缺,再行請討者不在此數。似銑所云,則兵未興而民已擾矣。古語有曰:"兵者,不祥之器。"圣王不得已而爲之,明王守在四夷,來則逐之而已。此自古帝王禦夷之上策也。今師一出,糜財殃民,將無寧日。銑以好大喜功之心,爲此窮兵黷武之舉,不思生靈受無罪之殺。在廷之臣皆知此事爲難,但心懷疑懼,而不敢明言。該部是以和同附會上奏。今幸蒙聖諭。大哉皇言,誠宗社無疆之福,活全陝百萬生靈之命也。即此一念,天地鑒臨,轉災爲福矣。

但臣思大凡政務建議,雖由所司平章、實在輔弼、臣備員輔職,此等干係國家安危大政，不能先事匡正，上勞聖心。古語曰："將焉用彼相哉？"臣與夏言同官，言與他事儘有功勞，臣則有負聖恩委用，分毫無補，理當自劾。伏乞皇上特賜罷黜，以爲庸懦不職之戒，無任惶愧懼悚之至。

奉聖旨："你既知未可，如何不力正言？於銑疏初至，即密具奏帖，亟口稱人臣未有如銑之忠。已燭其私，但知肆其所爲，不顧國安危、民生死了。其曾銑殘欲耳，朕一字未答，以示未可。你每擬票，只管誇許。朕亦思爲言已具之奏，必語爾爲朕知而主之耳，未宜沮其謀者。昨部疏會奏上，是果行之命，豈可真從之。故朕方言言不可。不准辭，着照舊盡忠供職。吏部知道。"

少師兼太子太師吏部尚書華蓋殿大學士夏言一本

才識庸昧，輔理無狀，懇乞天恩，特賜寬宥，以曲全臣愚事。

臣一芥草茅，叨沐聖恩深厚，誓竭糜涓，莫能少稱報塞。切見北虜久據河套，連年入寇，地方受其傷殘。臣愚以爲國家全盛之時，仰伏皇上聖神文武，懋建中興。蠢茲醜虜，雖屢次侵犯，然天心眷祐，鬼神協應，如往年王三平之忽爾成擒，昭然可成。故昨者於銑建議，衆議上請聖裁。妄以匈奴雖多，不過漢一大縣，意欲我皇上薄視三苗之征，獫狁之伐，以震驚旃裘之心，發舒華夏之氣。臣每中夜憂思，非不安枕，實不自量。知識短淺，慮欠周詳，未能上契宸衷。即使兵食充足，亦難必其功成。如或少有挫折，銑豈獨一人身膏草野，百姓要受無罪之戮。仰識聖見高明，好生大德，舉朝臣工無不欽服。聖謨弘遠，豈臣之愚昧所能窺其萬分之一。但臣數以擬票，俱同嵩會看，私議未嘗有異。嵩先臣具奏詞，雖引以自劾，然罪實在臣。尚幸仰賴聖明，先事降諭，軍旅未興，否則誤國家大事。誠如嵩言，臣將不知死所矣。今雖幸蒙聖恩保全，但自愧才識疏庸，有負任使，徒以上煩聖慮。伏乞天恩寬臣斧鉞之誅，赦臣萬罪，無任干冒天威，俯伏待罪之至。等因。

奉聖旨："你每朝廷倚政之本，凡百自當先事邦民。爲心如何專徇私情，强君脅衆，密奏未諭，乃敢詐稱上意必行。這本又無認罪之詞。吏、禮二部會同都察院參看來説。"

少師兼太子太師吏部尚書華蓋殿大學士嚴嵩一本

乞恩認罪，自陳不職，不堪任使，懇乞天恩，亟賜罷斥，以全臣節事。

該臣具奏，兵部議復曾銑復套事，奉聖旨："你每既知未可，如何不力正言？於銑疏初至，即密具奏帖，亟口稱人臣未有如銑之忠。朕已燭其私，但知肆其所爲，不顧國安危、民生死了。其曾銑殘欲耳，朕一字未答，以示未可。復見你每擬票，只管誇許。朕亦思爲言已具之奏，[2]必語爾爲朕知而主之，未宜沮其謀者。昨部會奏上，是果行之命，豈可真從。故朕方言言不可。不准辭。吏部知道。欽此。"臣捧讀御批，責臣以既知未可，如何不力正言於銑疏方至。此事臣委的心，知有此不能早言，罪該萬死。夫復何辭！但臣雖有報恩之忠，而下情有所不能達者，茲不敢不陳於君父之前。

臣與夏言同官，凡事俱須商確而行，不相同而有相可決。復河套大事，夏言力主其議，自始至今，並無一字與臣論及。前復疏至，言已知上意，擬票臣並不干預。且奏帖不過列署臣名而已，彼所欲爲，臣不得而沮之。今奉旨曰"密具奏帖，亟口稱人臣未有如銑之忠"，臣讀之茫然，驚愕不知也。每每票誇，皆出於言，以此恐懼有聞。臣對不知，亦恐皇上別有諭于言也。昨蒙發下兵部會疏到閣，夏言獨看二三日，至二十八日戌刻始邀臣，先與寫定票擬一帖、奏帖一本，出諸袖中，與臣一看，即令中書謄寫上進，並無一言與臣商確可否。至二十九戌刻，奉聖旨諭命臣者，議臣共直説未聞有此，則臣與夏言公同回奏。切念臣庸質菲才，誤蒙皇上，升充輔職。臣與夏言合心輔政，同報天恩，共享祿位，豈不樂哉。但臣忝在輔職，而實冒虛名。一切政務，夏言忌臣干預，並不與臣商確。臣有言，彼亦不從，懼恐臣之言也。去年以來，同在直所日聞，並不票本。每至夜間，彼自票議，令票官不過送看而已，其有宥者多矣。夏言專橫自恣，用公政以喜怒爲重，任意軒輊，再不顧禮法，臣不敢言也。但臣庸懦，徒知畏言，不思有負皇上，臣罪不能逭。臣雖供職，未效分毫，不過爲識者所鄙，尚有一日出其位，不可旦夕廢其事。伏望皇上寬其斧鉞之誅，亟賜將臣罷斥，別選賢俊，以充任使，臣無任戰慄殞越待罪之至。等因。

奉聖旨："嚴嵩不能救正大事，已有旨了。便當感恩盡忠，如何又有此奏擾？不准辭。吏部知道。"

大學士夏言一本

自陳不職，有妨賢能，懇乞天恩，特賜罷黜，以全臣節事。

昨蒙發下大學士臣嵩一本，再疏論辯。中間辭語，專意於攻擊，臣毀辱備至，此則閣臣數百年未有之事，而今日創見於嵩者也，臣不勝驚駭慚愧之至。

切念臣自被皇上召用以來，謬以菲才，忝列班行之首。臣自與嵩同鄉同官，同受聖主眷注，誓心共報。議論務相和洽，交接惟以恭敬，二三年相得甚歡。臣方以嵩之才識敏達，事事可以資求，殊不知其心獨異於臣者也。每次入閣辯理，臣必遣人於嵩宅邀請至三至再。至則公同票擬，不至，必令中書官送看互相可否，然後謄寫，此則眾官之所共知，吏卒之所共見者也。若本到稍晚，或直文字且早，間有延至暮夜二三次，亦出勢不得已，並未嘗獨票，不行送看。況直所密邇，易於往來，夜則尤爲肅靜，請會尤不肯來，送看漫不可否，是嵩故意推避，以加罪于臣。

若謂臣自去歲以來，一向夜間票擬，將誰欺哉？復套覆議，嵩謂臣獨看三日，至二十八日戌刻，始邀臣同會。先以寫定票擬一帖，又奏帖一本，出諸袖中，與臣一看，即令中書謄寫上進。臣看得各衙門疑難事件疏上之後，臣與嵩俱例有白頭揭帖一本，蓋以御覽章奏，防有污損。惟謹封識，自各以揭帖看詳，非有他意。臣又因前時閣臣所擬票帖，尋與親故共議，往往漏泄，或者未經進呈，而中外先已傳誦，或未奉明命，而衆心先已曉矣。然臣愚以爲奉職代言，事體本當愼密，不以付人而出諸袖中，臣之過在是也。具稿會議，然後方令中書謄寫上進，無非與商確可否也。使稿不自收而委諸他人，謄寫已成，然後會看，此則可以責臣罪，而臣無辭矣。嵩明知其故，乃此誣臣爲專橫自恣，臣何以堪？

至謂故欲以此示上意於外，以顯事之必行，又示親厚於銑，以显己之有力，流言惑衆。此出上意欲行，故廷臣無不恐懼。此則嵩之立心深刻，以爲必用此等詞語，然後可以上動聖心，以激起天威，禍臣不測，必使臣甘受鼎鑊之誅，而無所逃於天地之間也。殊不知自來票擬雖臣下代具，然一經御覽可否，即係親奉聖斷，非臣下所敢毫髮輕預。臣又何有詞說，以誣聖明。此理勢之所必無者。況臣多在直所，寡於交接，即如嵩之誣臣，亦必告語有人，傳流有自，可以指証。誠恐別無奸心，預爲設謀定計，臣以謙讓之体，不宜與之攻訐。但嵩之言辭，尋以奇禍中傷，臣一身不足惜，得不上負聖明，乖國体用，是不得不恐懼陳訴，仰干聖德。臣當此孤危，惟即嵩誣臣之詞求以辨明，不敢有毫末議嵩之失，重得罪於聖明。且臣自知才識淺陋，不如嵩之精深，賦性疏直，不如嵩之隱密。況既經指斥，更復何顏並列。伏乞聖慈少寬斧鉞之誅，特賜罷歸田里，庶不上辱國体，下虧臣節。臣下情無任惶懼待罪，仰祈天恩激切屏营之至。等因。

奉聖旨："部院一并參看來説。"

吏部等衙門尚書等官聞淵等一本

才識庸昧，輔理無狀，懇乞天恩，恃賜寬宥，以曲全臣愚事。

先該大學士夏言奏，奉聖旨："你每朝廷倚政之本，凡百自當先事邦民，爲心如何專徇私情，强君脅衆，密奏未諭，乃敢詐稱上意必行。這本又無認罪之詞，吏、禮二部會同都察院參看了來説。欽此欽遵。"臣會同禮部尚書費寀、都察院左都御史屠僑等參看得，大學士夏言職居輔弼，政體所關，凡百事宜當慮國家安危、民生利害爲先。況復套大事，尤宜加慎。却乃輕信曾銑之謬計，即密奏以爲忠，未奉明旨之諭允，輒代擬以圖行。任意狥私，迹涉弭君。仰賴皇上智高千古，聞見萬里，洞燭于上，即寢其謀，中外臣民，莫不稱慶。本官正宜引咎自歸，措躬無地，乃敢多疏自陳，既無認罪之詞，又多自辯之語。揆諸禮法，俱屬有違。但大臣進退去留，出自朝廷。臣等未敢擅便，伏乞聖裁。等因。

奉聖旨："你每奉旨議奏，尤謂迹涉媚又畏者，是何臣体？本當究治，且不罪夏言，着以尚書致仕。餘官都革了。該部知道。"

兵部等衙門尚書王以旂等會題

爲欽奉聖諭事。

會議具題伐套各項事宜，便且停罷，各邊防備，尤所當嚴。近因災異，欽奉敕諭，人事防修，所據九邊，亦合通行防備。各邊軍士月糧多欠，而延綏爲甚，合仍行督撫各官，務令查補完足。曾銑原討馬匹多係三鎮額欠之數，仍宜量給，以備防秋。原擬罪降用間，雖九邊平居，皆所當行。其該鎮合補月糧、招降合用銀兩、原役騎征合用馬匹各該若干，俱聽本官查實，具奏施行。上以昭宣德意，下以作其勇敢。庶幾守無不固，戰無不勝，而内治克修，灾變亦有弭矣。等因。奉聖旨："套虜非新近事，先朝但防守耳。曾銑無故輕狂說來，你每雖奉代擬允許，自當爲國爲民，深思實慮。如曰議已日久，彼豈不知這意思，便當入告，如何忍心觀望。一惹禍至，將何救者。本都當治罪。與議官各罰住祿俸一個月，兵部侍郎該司的各罰俸一年。銑着錦衣衛便急差官校去拏解到京來說。王以旂姑記罪，着兼都察院右僉都御史，即日去代銑任，盡忠督理，以贖前罪。五科并各道係言官，這等重事，如何亦無一言。與議的該衛都拏在五門前各打三十棍，未與的二十棍放了。兵科齊譽打五十棍，其餘三十棍放了。仍各罰俸四個月。其户、兵二部還加議作急來說，該衙門知道。欽此欽遵。"

臣等伏思，奉職無狀，罪當萬死。荷蒙天地之恩，俯賜寬宥，感戴曷勝，又令將其餘還再加議。仰見皇上聖神文武，安不忘危，軫念邊方，靡所不至者，臣等謹恭承明命，會同戶部尚書夏邦謨等議得，遂虜用兵事，故不可妄舉，防徵慮忠機，實不容緩圖。況近日天變，垂戒兵火，應占人事防修，其在邊方，尤爲切近。諸臣前次會議，令總督官嚴督各鎮，用心防禦，積糧餉，畜養兵威，比常十分加謹。其大率也，謹將邊方防守急務列爲七款，開坐上塵睿覽，伏乞聖明俯賜裁定施行，臣等不勝慶幸。

　　計開：二曰實行伍。[3]臣等查得，各鎮原額之兵，自足防禦，奈何承平日久，上下因循，迯亡既多，補解絕少。見在食糧軍士，又多分散各處戍守城門，看管倉庫。及有跟官、書辦、匠作、雜差并冒破、賣放等項情弊，俱係富實少壯軍丁。一遇有警，應敵之兵十無三四，且多老弱參差。是以兵分勢寡，遇敵不敢戰，戰亦不能取勝也。合敕兵部，一面嚴行諸有司，將軍士迯亡者作速清解補伍，仍咨總督、巡撫官員，將前項積弊逐一清查，漸次釐止。具老弱應該沙汰者，查有見男壯丁，准令替役。若係孤身無依，許令守門戍堡。應役雜差，務要隨宜酌量，揀選摘撥，行伍克足，操備不缺，庶幾兵可足而防守有具矣。伏乞聖裁。等因。

　　嘉靖貳拾柒年正月初拾日，本部等衙門右侍郎等官范鏓等具題，本月拾貳日，奉聖旨："這所議便行，與王以旂督令各該撫鎮等官嚴加防守，不許怠忽延緩。查補軍士月糧銀兩，准給發三鎮買補馬價，并交兌馬匹，俱准行。曾銑修邊，輒支用過銀拾柒萬叁千餘兩，又不造冊繳報，着巡按御史作急查勘。[4]如果冒破情弊，明白奏來，不許隱護。兵備官不必添設。招降已屢有旨了，着照舊行，其餘依擬。欽此欽遵。"

　　擬合通行。爲此除外，合用手本前去武庫清吏司煩爲查照施行。等因。到司。准此。查得清軍緣由，係隸前司掌行。擬合就行，爲此令將備由合行移付前去，煩爲查照施行。等因。到司。卷查先爲計處清軍事宜，以便遵行事。

节年本部议题遵行，各该卫所自宣德肆年以後，该勾迯故军士，本部定与军单式样，每军壹名，填单壹张，送部挂号，查发各该州县，照名清勾。内有丁者，即与解送有伍。其遇例优免下者，即与开豁。每年终，将各解过军丁收有批回及例免者攒造手册，连原单送部销缴。如应勾军丁，自单到日爲始，三年以上不解者，虽止壹名，府州县清军官俱听参问。如丁尽户绝，幷山後人民挨无名籍者，查照军政条例及节年题准事例，候经勘五次以上，送清军御史处审实，类缴免解。若里甲人等通同作弊，将有丁捏作故绝，壮丁捏作幼小，非老捏作疾，见在捏作迯移者，事发，应解军丁照例发边远充军。如原系边远，摘发极边烟瘴地面充军。其里甲邻佑窝家人等，各照例发附近充军。官吏依律坐罪。清军御史务将发去军单责令各清军官逐一完销。等因。

题奉圣旨："是。"

提督仓场户部尚书刘储秀一本

恳乞天恩辞免重任事。

内开：辞兵部尚书缘由。奉圣旨："刘储秀这厮不思急於用事，罔上无忠，掇拾浮词欺扰，姑从轻革了职，着爲民。兵部尚书缺，即日另推两三员来看。吏部知道。"

兵部一本

钦奉圣旨："这所议行与王以旂督令各该总镇等官严加防守，不许急忽延缓。查补月粮银两，给发三镇买补马价等交兑马匹准行。曾铣修边支用拾柒万叁千两，又不造册缴报，着巡按御史作速查勘。如有冒破情弊，明白奏前来，不许隐护。着照旧行，其馀依拟。"

镇守甘肃等处总兵官仇鸾一本

总制抚臣谋国不忠，贪功生事，欺罔嫉恶，边臣谏阻，风闻朋谋陷害事。

　　臣才凡庸誤，蒙皇上委用，鎮守前項地方。臣惟知盡忠報國，保安邊方。彼有三邊總制、兵部侍郎曾銑謀國不忠，馭兵無法。貳拾伍年柒月内，提兵花馬池地方，縱賊乾溝地方深入，搶至延安府保安寨、環縣及慶陽府門外，殺死居民不知共幾千萬人，尸填巨港，血滿溝壑。自來地方失事，未有如此之慘者。銑除將重大失事情由通行隱匿，止將失事略節朦朧奏報，却乃將三邊將官總、付、游、參，每員索銀壹百伍拾兩，千、把總每員壹兩，管隊官每員伍錢，軍每名銀壹錢，共得數萬，俱送伊男監生曾淳接送親家蘇剛家打点，以致皇上有"今歲失事頗輕，必不差官查勘"之旨。此皆銑蒙蔽欺罔之事也。

　　銑故知誘殺撲殺，國有不禁，乃將境內所部人馬一萬私出境外，撲打帳房，以圖功賞。又于貳拾陸年貳月内，定巡營出境，分部榆林人馬爲前哨，被賊人知覺，將指揮鄭稍等貳千伍百員名全軍覆没。各路將官名下殺死官軍陸柒百名，搶去官馬叁千餘匹。銑通行隱匿，不行奏聞，仍照前科派三邊差送伊男打点。銑自知罪，又將殺死戰軍割取壹拾捌顆，希圖掩襲。又敢輕舉妄動，收復河套以略非之功，以掩蔽匿之罪。

　　臣聞甘肅都御史楊博，極論其生事構難，啓釁招由，決不可行。不意楊博密寫私書，暗披銑知，及行其本，劾臣阻撓軍機。等情。荷皇上天地之量，日月之明，止將臣罰俸半年。怒猶未解，百端將臣挫辱。

　　四月内，博欲舉閑住遊擊柳棟，臣言怯懦，決不可恃。只憑承差深仲舉過送銀伍百兩，自舉保本，就差舉上京，仍作私書與伊親兵部郎中王倫幹辦，果得保用。博之貪賄賂欺君如此者，不但驕横狂悖而已也。

　　本年伍月内，調取臣所屬游兵壹千陸拾員名河東截殺。差委永昌衛指揮王漢及指揮喻明，聽其剋扣軍行糧料草銀柒百餘兩。一營如此，他營可知。被軍人宋名將、樊二等告首博處，博反行偏刑打，不容分訴。臣見貧軍受害，與博理說，博謂詞訟與臣無干，無得自取參劾。博之保養奸回如此，其剛愎不悛，蓋猶不待言也。

銑自劾臣之後，志滿意得，益無忌憚。聞與人議，輒稱聖意如此，臣下敢有不從？臣不知果皇上之意耶，抑銑假皇上已濟己私耶？但臣又久歷邊陲，深知虜套不可遽復。且軍機重情，邊釁大患，豈可阿意曲從，以取殺身忘家之罪。仍執前詞，不為之變。博將臣言節次密報與銑，千方百計，必欲殺臣而後已。近又聞銑與博說，若不去臣，事終是掣肘，設謀特差監生曾淳帶領家人馱裝銀千兩、馬拾匹，亦送蘇剛處，將臣陷害。臣若隱忍不言，萬一被其朋奸中傷，誣污入罪，臨期難辯何及？且臣復思銑與博害臣，不過詆之以深文，中之以危法，是持臣一人之害耳，臣亦何足惜？但克復河套，事体重大，必先事預為之備，慎關隘以預守，謹烽堠以預財，振軍旅以作氣，擇將帥以馭師，足器械以利用，積饋餉以足食。行之數年，使將有餘謀，兵有餘力，糧有餘積，養復套之計，晦復套之名，待虜入寇，然後合謀設策，分兵攻守，庶使兵出有名，虜亦無詞。計既於萬全，或可收於一舉。今銑力小而任重，才淺而謀疏，逞私違眾，不究安危，畫圖帖說，傳之中外，未謀而機已泄，未戰而形已彰，此尚未知所行，彼今銑為之備矣。銑惟知僥倖，莫大之功，將以冒莫大之賞，不雇毒害生靈，浪費財賦，挑怨速禍，行將中外騷動，不但山陝之安危而已，誤國殃民，莫此為甚。銑何欺罔不忠，至此極耶。

即今全陝之人，病科派之日緊，慮征調之日促，怨聲嗷嗷，謀欲逖竄。臣恐境外之變不在於河套，而在邊鎮之內。其銑雖萬死，竟亦何補。臣也受國厚恩，叨享重爵，用事不通奇詞，輒敢昧死上言。若坐視緘默，致誤國事。俯察愚衷，密切緝訪。如臣言不謬，敕下兵部，將銑與博早為議處，仍將臣遂賜罷閑，以全銑、博之忿。庶孤遠之臣不至眾矣。

奉聖旨："這奏內曾銑出境覆軍，失事重大，隱匿不報，及科索銀兩，扣剋軍糧等項事情，選差給事中、錦衣衛千戶各壹員作急前去查勘，具實回奏。曾淳、蘇剛，錦衣衛便拿了牢固監候，不許畏縮疏虞。"

鎮守甘肅總兵官仇鸞一本

節報達賊慣殺境外守哨人役事。

奉聖旨："兵部知道。"

錦衣衛掌衛事都督同知陸炳一本

總制撫臣謀國不忠，貪功生事，大肆欺罔，嫉惡邊臣等事。

該鎮守甘肅地方總兵官仇鸞奏前事，奉欽依："曾淳、蘇剛着錦衣衛便拿了牢固監候，不許畏縱疏虞。欽此欽遵。"當差旗校分投訪拿，已將犯人蘇剛拿獲本衛監候外，所有曾淳四散，訪拿不獲，隨拘曾淳原日歇家汪銘等到官供稱，[5]嘉靖貳拾陸年伍月貳拾捌日，有監生曾淳帶領家人盧向、葉佐并夜不收王元等，先到正陽門外俞相家住歇，又到潘奉家住歇。至閏玖月拾肆日，又到汪名家歇。將原騎馬匹當與潘奉，得銀叁拾肆兩，將皮箱、竹箱肆個寄在俞相家收貯。拾貳月貳拾壹日，起身陝西去訖。有曾淳與監生陳良相通家往來，[6]時常在於教坊司樂婦李釧兒家宿歇飲酒。有曾淳置買貂鼠皮襖壹件、金戒指捌個與釧兒等穿用見在。陳良相又與剛家人蘇登引見講話，及拘蘇登前來供稱，有總制令伊男曾淳帶領家人曾汴到於蘇剛家，投下代禮銀兩。又於嘉靖貳拾陸年伍月內，曾淳又帶家人曾麻子等來見蘇剛，又送有代禮銀兩。俱不知數目。及審陳良相等執稱，曾淳委於拾貳月貳拾壹日起身，回還陝西去訖。除將汪銘、俞相、潘奉、陳良相、蘇登取具供詞收候在官外，所據曾淳未奉旨先回陝西去訖，合候命下，本廠差委官校前去陝西等處地方將犯人曾淳拿解來京，一并追問。等因。

奉聖旨："是。便差的當官校賫帖前去，作急密切拿獲，杻解來京來說。前旨'不'字下增一'許'字。"

兵科都給事中等官齊譽等一本

邊臣詭險貪殘，專恣欺罔，懇乞聖明并敕差官，勘報重罪，以彰法紀，以垂永戒事。

先因總制曾銑建議復套，内閣輔臣擬在必行，幸賴我皇上神機獨照，英斷不撓，特頒敕諭令議罷。屏逐閣臣，以昭黨惡之奸，拿銑來京，以正欺罔之罪。中外臣民，鼓舞悦服，謂堯舜在上，歷試其鯀之惡，乃今莫逃乎誅殛也。旬日以來，物議騰播，曾銑過惡，日益著聞。蓋日月照臨之下，雷電震擊之餘，私邪隱幽，愈難迯遁。臣等待罪諫垣，奉職無狀，幸蒙皇上不即誅戮席藁，省愆無地，節奉旨諭，先後諄切。仰見君父宵旰焦劳，抱痛徬惶，莫敢寧處。昨者復見甘肅總兵官仇鸞奏訐曾銑事情，足証近日物議不爲虛傳。臣等所聞，先年乾溝、乾澗、慶陽地方失事，昨歲玩寇喪師隱匿等項，與其所奏大略相同者，不敢再舉，謹以所未及者，昧死爲陛下陳之，以候聖明并加查究。

臣等切惟征代大權自天子出，非臣下所得而擅專者。銑雖奉旨復套，陛下明旨止命會同圖議嗣上方略，初未許其必行也。聞銑於嘉靖貳拾陸年春月，輒自二次徵兵出塞，且稱於人曰："吾將小試復套之大端也。"夫朝廷討叛，制曰"天討"。人臣之分，可輕試乎？銑輒冒而爲之，[7]此何等專擅。

又聞銑出套之時，前哨官軍叁拾餘員名、馬叁拾餘匹盡皆淹没，故虜中陝西謠言，謂其隻輪不返。銑恐發覺，且酷爲禁錮之術，凡死士之家有出哀哭者，即闔門罪之。致使孤兒、寡婦吞聲飲泣，控愬無階。此何等殘忍。

陝西地方連年灾傷，民多困乏，銑乃行各府州縣，預借小民銀兩，收買馬羸，[8]民無措辦，卒皆變産貨居，賣妻鬻子，以償其費。官司一時追并不前者，又畏銑威福，多致棄官而迯。説者謂上下騷然，誅求到骨，比諸虜入搶掠其慘尤甚。銑刀忍心爲之，此何等刻暴。

閭閻小民，鍬鋤犁鏵之外，所藏鐵器無幾。銑乃責令各府州縣，派民出鉄，置造鉛子。每家限出若干，民措辦艱難，盡將農器交官，苟免刑并，致使農具一空，小民徒乎，難事耕作，生理盡廢，田野蕭然。説者謂曰鞏漢中飢民爲盜，亦因此激變。銑之所爲，若此又何等輕悖。

嘉靖貳拾陸年，解赴軍門銀貳拾萬兩，專爲修邊造器支用。銑并未修築城堡、火器等項，又往往派取民間，輒稱已用銀壹拾柒萬叁千餘兩，不知俱作何項花費，情弊多端。夫朝廷內帑所出之財，而銑乃取供私用，此何等貪黷。蓋銑爲此舉，不特圖冒將來之功賞，且欲掩飾既往之罪愆。故凡可以誇耀耳目、彌縫衆口者，皆將不顧事体而爲之。事机未行，過惡先播。外慮未遂，而内地百姓先被禍殃。銑于國家果何利乎？觀其奏疏之内，既請制劍以專誅殺，又請申明武官之典，次斬訛言者，彼蓋自知衆怨攸歸，罪愆難掩，又欲假切皇上威權，厭服中外，以濟其私耳。向使銑計得行，將來禍患又何止。

極説者謂，銑幸而出于堯舜之世，尚不至爲國家大害，誠確論也。參照曾銑凶殘之性、狂誕之資，擅命出師，寡謀敗衆，黷貨殃民，欺天罔上，徙邊啓釁，大壞軍机，逾越官常，臣民共憤。伏乞聖明并敕差去給事中、錦衣衛千戶，通將前項事情會同巡按陝西御史一并從公嚴加查勘，如果臣等所言不謬，曾銑當服重誅，以爲邊臣將來之戒。

其陝西各府州縣人民已買馬贏及已造鐵器，[9]仍乞敕下兵部，行令總督尚書王以旂及時收集，以爲各鎮備禦之用。其小民費用銀兩器具，仍行各該官司議處官銀給賞，使不致虧折，流離失所。庶幾內釁不生，邊方永固。臣等無任待罪惶悚之至。等因。

奉聖旨："你每職居言官，明知曾銑誤國壞事，失律喪師，却乃黨護畏避，無一人肯言。今見屢有旨罪銑，及差官勘問，方纔來奏，好生有負朝廷。齊譽着降二級，調外任。其餘姑且不究。該衙門知道。"

兵部一本

邊臣詭險貪殘，專恣欺罔，懇乞聖明并敕差官勘報重治，以彰法紀,以垂永戒事。

　　內開:看得兵科給事中等官齊譽等題稱,總督陝西三邊都御史今拿問曾銑擅命出師,寡謀敗衆,恣情欺蔽,任意誇衆,黷貨殃民,欺天罔上,徒啓邊釁,大壞事機,臣共憤各一節,爲照前項事情,俱在彼中,合無敕下差去給事中、錦衣衛千戶,會同彼處巡按御史一并查勘。其稱預借民銀買馬贏,派民出鉄,抑或動支官銀,尤宜先行酌處,合候命下,移咨總督王以旂查,果已買馬贏、已造鐵器,逐一及時收集,以爲各邊備禦,贏頭分發各驛公用。果係費用小民銀兩器具者,仍行各該官司議處銀兩給賞,勿令虧折。等因。

　　奉聖旨:"是。着差去官會同巡按御史從實查勘來說。"

鎮撫司一本

　　欽奉聖諭事。

　　內開:參照犯人曾銑本以狡猾之資,謬叨總督之任,宜盡心報國,保固邊疆,乃敢肆恣奸欺,任情玩法,輕率寡謀,妄舉搜套逐虜之議,潛通賄賂,欲成貪天欺世之功。黷貨殃民,開端啓釁,以致邊報有警,套虜軼謀。再有先年題兵出境,縱賊塗毒生靈,次後擅出外邊,逐致全軍覆沒。又却隱失事重情,欺天罔上,科索官銀打點,大壞軍機。況此套議,成命未下,輒先自浪費官銀,又科派小民,無所不至,剥削軍士,非止一端。農桑盡皆失業,戍守迫於飢寒。怨聲載道,慘不忍聞。負國不忠,莫甚於此。原情論罪,死有餘辜。

　　曾淳無知小人,全不畏法,乃敢節次挾帶銀兩來京,爲父營謀打點。却又依托親識幹辦,加升職任,肆意妄爲。宿娼飲酒,情犯匪輕,法當究治。蘇剛奸險之徒,律法罔畏,乃敢倚親爲勢,結交邊方重臣,却又代謀欲遂復套之計,通同受賄,許全儌倖之官,視國家紀綱若此,全無大律,狂妄玩法欺公,揆諸律法,實填重典。葉佐聽從往來,跟送禮銀。陳良相同行,飲酒宿娼。蘇登引領講話,知情打點。均屬故違,亦應重治。

再照犯人咸寧侯仇鸞，賦性剛復，[10]行事乖方，以致人多妒忌，惹謗招尤。曾銑原奏皆無指實，多係遠年間結之事，案卷俱在彼中，抑且又無證佐，推原情委，屬誣妄，似應先行酌處。陳洪、鄧景榮、趙琬、沈侯、景榮、宋英、鮑應，庸鄙小人，無知妄作，致惹訟端，罪亦難逭。

臣等看得仇鸞所奏曾銑其餘未盡違法事情，并奏內楊博受賄保舉閑住遊擊柳棟各一節干証犯人俱在彼中，已經奉欽依差給事并錦衣衛千户作速前去查勘具奏。除欽遵外，合候命下，將各犯通送刑部監候，待彼勘報至日，本部題請會官一并從重擬議，奏請定奪。

及尚書夏言職居宰輔，密勿攸司，受朝廷重大之恩，當殉身殞軀補報，乃敢專權蠹政，罔上行私，交通納賄，全無体國之心。脅衆欺君，力主復套之議，不顧國家安危，生民疾苦，[11]大肆奸貪，盜竊名器，却又通同黨惡，隱匿失事重情，若非聖明洞燭其奸，幾致大壞邊務。情罪昭然，律應提問，均乞聖裁。等因。

奉聖旨："這事情既打問明白，曾銑妄議，擅開邊釁，又失律喪師，屢隱匿不報，欺罔朕躬，殃虐百姓，罪惡深重。着三法司便會官依律從重問罪來說。蘇剛依親受贓，代銑營謀，潛弄朝廷威福，本當處死。着追贓銀完日，送兵部，發烟瘴地面永遠充軍。家小隨住，遇赦不宥，但迯殺了。夏言職居輔弼，受朕倚毗，乃復不思忠報，却公然黨逆受賄，力主套議，不顧國家安危，好生欺肆。着錦衣衛選差官校去拏解來京問。其餘犯人，俱送法司擬罪奏來。"

刑部等衙門右侍郎等官詹瀚等一本

欽奉聖諭事。

先該刑部、都察院、大理寺會同吏部等部通政司、錦衣衛各衙門等官聞淵等、陸炳等會題前事，奉聖旨："曾銑情罪異常，有旨，着你每從重擬，刑部說律無正條，看來通不必治，可乎？還依律擬來看。欽此。"臣等恭捧綸音，不勝戰懼。

切照曾銑委係罪惡異常，法不容誅。臣等奉旨會擬，謹遵明旨，以失律喪師爲重，一時愚昧，失於參詳。比邊帥守備不設，爲賊所掩襲，因而失陷城池者，律斬，委屬欠當，罪當萬死。荷蒙聖恩，不即譴罰，仍容臣等再行會同議擬，無任感激殞越之至。

　　查得先該錦衣衛鎮撫司打問得犯人曾銑供，年伍拾歲，係直隸揚州府江都縣人，由進士，歷陞兵部右侍郎，兼都察院右副都御史，總督三邊軍務，嘉靖貳拾伍年柒月初捌日到任管事。是銑見得河套虜賊爲患，自合整飭各鎮兵馬，照舊嚴加防守，不合逞恃疏狂，妄生異議，要得興師，搜套逐虜。彼因鄉親在官蘇剛係先任大學士，今致仕尚書夏言妻父，平日與銑書信往還契厚，賴伊扶持，要成此事，希圖加陞官職，取大富貴。於本年捌月内，先具復套揭帖并書信禮物，令在官男監生曾淳帶領未到家人曾卞等，并承差高騰霄等、夜不收王允等馱帶銀壹萬兩來送與蘇剛，托伊轉與夏言處道達，扶持此事。有蘇剛不合止將銀貳千兩送與夏言，亦不合接受聽允。本年拾月内，是銑具本，奏行兵部覆題，節奉欽依"着銑督同各該撫鎮等官協心圖謀，務求長策"。該部備咨到銑，轉行各官勘議。

　　是銑於本年柒月内，又不合提兵花馬池地方，縱賊由乾溝地方搶入延安府環縣及慶陽府關外地方，殺死居民數多，却將失事重大情由隱匿，止將朦朧奏報。又不合科歛副總兵、參、游等官銀數多，將伍千兩又差家人曾諫、夜不收王允等馱帶來京，令男曾淳亦送蘇剛處打點。有剛又不合將銀壹千兩送與夏言接受，遂得奉有欽依"今歲失事頗輕，不必差官查勘"。

　　嘉靖二十六年二月内，銑又不合由定邊營出境，分部榆林人馬爲前哨，被虜賊將指揮鄭稍等一千五百員名全軍陷沒，并各路將官名下殺死官軍六七百名，搶去官馬三千餘匹。亦又隱匿，不行奏報。仍前科派官軍銀兩，要行打點。是銑見得各官看議延時日，恐事難成，意要遷轉京職。本年五月内，又不合令男曾淳帶領在官家人葉五并未到官蘆向等、夜不收王允等馱帶銀兩書禮來京。先到正陽門外住人今在官俞相家住歇，又憑在官潘奉引領，移在今在官汪名家居住，又不合同陳良時常在於教坊司樂婦李釧兒家歇，飲酒宿娼。曾淳置買貂鼠皮襖壹件、金戒指捌個送與釧兒收用。

比銑因見總兵官仇鸞剛愎執拘，恐伊阻撓邊事，要得扶捏陷害。又不合令家人曾諫等馱銀伍千兩來京，男曾淳又托蘇剛打點，致將仇鸞拿問。

是銑又不合將仇鸞奏帶舍人今在官郭景荣爲首，在官家丁陳洪爲從，先年斬獲酉首狼台首級壹顆，已經撫按衙門覆核實，就伊詐冒陞賞。又誣奏伊挑揀馬匹，將收查遺貨中軍在官趙琬、逃軍宋賢知證，及差舍人張淮等、獸醫張士佳等牽送進貢馬匹，假公濟私，關支草料。

又將充軍犯鮑印收爲家人，冒支糧餉。又將西寧衛百户柴昌、孫繼宗，總旗顧彥才獲功三夥指以提取贖功，痛責致死。及伊在官舍人侯荣、將局匠劉義威逼自刎而死。又將充軍犯官王楫、鄭紀冒功贖罪，索要銀兩貨物。委用革任劉淮辯伊充軍，并守備徐彥章不忿等情節具本參奏。令男曾淳與剛道達停當，將本赴通政司投下奏，奉欽依"仇鸞拏解來京問理"。是銑勘議條件具本并揭帖，差承差汪浩、家人曾諫等賷送與男曾淳，俱各送畢。本年拾壹月拾伍日，題奉欽依"兵部看了來說"。該部覆題，節奉欽依"便會同多官協忠定計來說"。

是銑又不合將營陣比形繪圖貼說具本，奏奉欽依"兵部便會同廷臣一并看議具題"。成命未下，續該兵部尚書王以旂等欽遵聖諭，究詰其非，會疏具題，節奉欽依"銑着錦衣衛便差官校去拿解到京來說。欽此"。蒙差千户段崇文前到固原地方，將銑拏獲，通行具本，題奉欽依"將銑并仇鸞等一干人犯拏送前來，好生打着，逐一追問明白"。

蒙將原寄箱籠當官對衆打開檢明，再三研審。及審曾淳、蘇剛、陳良輔、汪銘等各招相同，參稱犯人曾本以狡獪之資，謬叨總督之任，正宜盡心報國，保固邊疆，乃敢恣肆奸欺，任情玩法，輕率寡謀，妄舉搜套逐虜之議，潛通賄賂，欲成貪天不世之功，黷貨殃民。開端啓釁，以致邊報有警，套虜遂謀。且又先年提兵出境，縱賊荼毒生靈以後，擅出境外,遂至全軍覆没,却又隱匿失事重情,欺天罔上,科索官軍銀兩打點,大壞軍機。況成命未下,輒敢先為浪費官銀。及又科派小民,無所不至。剥削軍士,非止一端。農桑盡皆失業,戍守迫於飢寒。怨聲載道,慘不忍聞。負國不忠,莫此為甚。原情論罪,死有餘辜。

及照未到先到大學士今致仕尚書夏言職居宰輔,密勿攸司,受朝廷莫大之恩,當殉身捐軀圖報,乃敢專權蠹政,罔上行私,交通納賄,全無体國之心。脅衆欺君,力主復套之議。不顧國家安危,罔恤生民疾苦。大肆奸貪,盜竊名器。又通惡黨,隱匿失事重情。若非聖明洞燭其奸,幾致大壞邊務。情罪昭然,律應提問。等因。

題奉聖旨:"這事打問明白。曾銑妄議,擅開邊釁,失律喪師,屢隱匿不報,欺罔朕躬。殃虐百姓,罪惡深重。着三法司便會官依律從重問罪來説。蘇剛倚親受贓,代銑營謀,潛弄朝廷威福,本當處死。着追贓完日,送兵部押發烟瘴地面永遠充軍。家小隨住,遇赦不宥,但逊殺了。夏言職居輔弼,受朕倚毗,乃復不思忠報,却公然黨逆受賄,力主套議,不顧國家安危,好生欺肆。着錦衣衛選差官校去拿解來京問。其餘人犯俱送法司擬罪奏來。欽此。"抄行鎮撫司。隨將犯人曾銑、蘇剛監候,將前項打問過招由開具手本,并曾淳等通送刑部。隨該刑部行令該司,遵照欽依内事理,將曾淳等監候,另行議奏外,即日會都察院等三法司會官議罪緣由,題奉聖旨:"着會同九卿衙門并錦衣衛堂上官議擬來説。欽此。"會同吏部等部通政司、錦衣衛、尚書等官聞淵等會議,曾銑所犯,除監臨官求索所部内才物,及有事以財行求,并軍務應奏不奏,與不應輕罪,及科尅錢糧未經勘明,俱不坐外,合此擬守邊將帥守備不設,為賊所掩襲,因而失陷城寨者,律斬,秋後處決。參照犯人曾銑情本疏庸,才非幹濟,出塞為全軍陷没,希功為搜套營求。於科歛軍士,仍擅扣邊儲,欺罔多端,私書盈篋,罪逆已深,法當重處。但擅開邊釁,失律喪師,檢律俱無正條比擬,前罪似屬相應。等因。題奉前旨,臣等今看得,原供要得興師搜套,希圖加陞官職,隱匿邊方失事重情,節次托憑蘇剛饋送銀兩與大學士夏言,接受朦朧奏報。等因。明與交結近侍官員律條相合,議得曾銑所犯,除監臨官科剋官軍錢糧,見行勘報,并軍務應奏不奏,及不應各輕罪不坐外,合依諸衙門官與近侍人員互相交結,貪緣作弊,而扶同奏啓者,律斬,妻子流二千里安置。臣等參詳本犯問擬前罪,情法允當,伏乞聖明特賜乾斷,以爲人臣欺罔不職之戒。等因。

奉聖旨:"曾銑罪犯深重,你既會議明白,依律處決。"

錦衣衛鎮撫司一本

欽奉聖諭事。

內開:問得犯人夏言供,年陸拾柒歲,係江西廣信府貴溪縣人,由正德拾陸年進士。歷陞吏部尚書,兼華蓋殿大學士,今回籍,致仕尚書。招稱,有先任總督陝西三邊軍務、都御史今已處決曾銑,并已問追贓完日發遣見監蘇剛鄉親熟識,平日書信往還。蘇剛係言妻父。嘉靖貳拾伍年捌月內,銑見得河套虜賊爲患,妄意欲議要興師搜套,希圖加陞官職,取大富貴。先具復套揭帖,并書禮物,令伊男監生已送問曾淳帶領家人夜不收曾仁等馱銀壹萬兩來京送,送剛托親與言處道達,要成此事。是言又不合聽允。有蘇剛將銀貳千兩送與言,又不合接受。本年拾月內,曾銑具本,奏行兵部覆題,言又不合接本票擬。虜據河套爲內患,前此邊臣無有以逐虜復套爲念者。曾銑所奏,具見壯猷。有銑督同各邊撫鎮等官勘議會題。又有曾銑先於本年柒月內提兵花馬池地方,縱賊乾溝澗搶入延安府環縣等處殺死居民數多,將失事重大情由隱下,止將略節緣由奏報。當科斂官銀,差家人曾諫等將銀伍千兩馱帶來京,仍令曾淳亦送蘇剛處打點。蘇剛止將銀壹千兩送言,又不合聽允接受,就朦朧擅擬"今歲失事頗輕,不必差官查勘"。嘉靖貳拾陸年貳月內,曾銑由定邊營提兵出境,分部榆林人馬前哨被虜將指揮鄭稍等壹千伍百員名全軍陷沒,殺死各路將官名下軍陸柒百名,搶去官馬叄千餘匹,亦又隱匿不行奏聞。等情。

據此案查,已將曾銑等參送法司會問明白,處決發遣外,參照犯人夏言職任輔臣，叨司密務，□受朝廷倚毗之重，當盡忠報國爲本，乃敢交結邊方黨要，妄舉興師復套之奏，聽信親人营幹，擅擬加陞予套之權，却又通同隱匿失事重情，朦朧專擅票擬，往來賄賂公行，互相夤緣作弊，脅衆欺君，力主套議，竊弄威柄，驕横自恣。況套虜重事，乃國家安危所係，民生休戚相關。敢因曾銑私囑，輒便輕爲密奏，若非聖明洞燭其奸，即寝其議，則邊方軍機重務因而幾至大壊。言之誤國負恩，莫此爲甚。原情論罪，實填重典。合將本犯送刑部會官從重議擬，奏請定奪，惟復別有聖裁。等因。奉聖旨："你每既究問明白，着三法司會同九卿，并錦衣衛各堂上官擬罪來説。"

錦衣衛見監犯人夏言一本

仇奸誣陷，極苦死情，懇乞天恩，特賜廷鞫，以伸大冤事。

本年叁月拾叁日，臣竭誠詣三茅山祖師前修建福祥齋醮，恭爲聖主祝延萬萬歲壽。本月拾陸日，回還舟中，爲總兵官仇鸞奏臣親蘇剛事情牽連及臣。伏蒙聖上將臣拿械來京，臣一聞命，神魂飛散，有貪賄汙辱之名，負恩辱國，即欲引刀鋸以自盡。復念臣之罪釁起於仇家，若受污不辨，曖昧以死，則上負聖知，下快仇志。今案獄已成矣，陛下尚不忍即賜臣死，猶命拏解來京問，使臣少延須臾殘命，尤得一伸悲號於斧鑽之旁。天地好生大恩，加於微臣者至厚至深，臣固願一見天日，甘心萬死也。

昨臣謬議河套，幾誤國家，已蒙聖恩處分，止於斥放。罪大罰輕，臣已不勝感激銜結之至。今次日於仇鸞奏詞誣臣受賄，上干天怒，是陛下寬臣已死之罪，而賜之再生之心。顧于臣得生之後，復欲而推納諸死地。若使果受賄，則死於法，是爲人臣之戒。若臣未受賄，負冤死於仇冤之手矣，豈不冤哉。

鸞家於京師才富百萬，在任之嫉臣害臣，納其賄賂，陰爲救解。既以仇鸞之饋而遂其私，又加臣之罪以快其欲。群奸連結，凡可誣殺臣以爲救鸞之地者，無計不爲而欺天聽，臣不敢復言。若河套之事，該撫鎮官共議將一年矣，鸞未常執奏以爲非。及兵部覆議皇上頒示敕諭罷行，與在朝諸臣至此始仰惻聖恩，以爲不可。鸞奏於嘉靖貳拾陸年拾貳月貳拾日，敕諭係拾貳月貳拾捌日始下，輔臣嚴嵩兩疏攻臣，又係貳拾柒年正月內事。鸞在甘肅，去陝西叁千餘里，去京師伍千餘里，乃於敕諭未降旬日之前即於邊外預知，乘機進奏。鸞奏內"兵有餘力，糧有餘積"，显然列天語二句。其於"師出有名，不顧毒害生靈"等語，又皆竊取聖諭"師出征逐爲名等義而小變"，其文內中"數萬銀兩"又多符同在京毀臣者之謗語。且拿問旨意未到甘肅，鸞則先知陷害，差去官校未交回京，鸞奏又先一月而至。即使鸞在此耳聞目睹其事，亦不能巧中機宜，豈預合聖人經世之文，默合權貴排擠之之意。

如此，臣至天津，即訪知鸞奏係一二大臣害臣者，欲爲去草除根之計，不欲臣復有蒙恩之日，特爲之朋謀主議，爲之具稿本。其寫本人松樹衚衕楊臣，寫本則鸞妻父鄭通政宅也。臣去之日，鸞奏即上。其計謀既中於一旦，故罗織巧於萬端。于是臣遂聞有搜訪一二事，假造數紙偽書，如夏竦令女子習石介之字，以爲害富弼之計，裝成大臣，陷臣必死。蘇剛與臣有親也，則坐贓私以及於臣。其人與曾銑有舊也，則故爲牽制以防其惜。崔元故與曾淳交也，則將引其自認之詞，以爲諸偽證之。其他有權位大臣，更不及之，此尤深可駭也。

奸邪設謀微意，不過欲假鸞之偽疏，以實己數萬之放謗。又造銑、淳偽字，以實鸞誣奏之詞，銀兩之饋。至於數萬蹤迹之露，奚止一端。朝廷銀兩，中途尚有盜賊之警，況私人賄賂，馳載遠道，一馬僅馱五六百兩，五六千兩則用馬十匹，二萬兩則用馬肆拾匹矣。其護送必得百餘人，方可達於數千里。經過驛遞，至三四十處，經過眼目，又奚啻千萬人。形迹昭彰，固非一人可掩也。

至於在邊銀兩，若係欽發帑銀，則貯收於司府州縣各庫，有庫簿支放於管糧守邊郎中，府州縣等官各有卷案，總督止以文書行查，分毫不經其手。若邊方軍士貧寒，其弊尤不可勝言。況銑既議謀伐套，非重賞不可得其死力。若少有剝削，不惟軍苦無錢，亦且情不可強。

少不如意，則三軍怨恨群起，反面而攻之，當如往年大同之殺巡撫、總兵，遼東之縛都御史矣。衆怨孰能當之？夫剋減帑銀，既法不可掩，削取軍資，尤勢所難爲，不知從何方得此數萬銀兩，又專以賄臣并臣親戚。豈不一及勛輔大臣，并九卿會議之臣，兵部兵科及承行之臣乎？此萬萬無是理也。使邊臣懷千金而入，必廣施人情，使衆無異論。雖吏胥書辦之微，亦必打點得到。至於二萬餘兩獨以賄臣與臣親，更不旁及一人，銑雖極愚，決不若是。

臣忝爲大臣，受國厚恩，曾不能竭忠圖報，以付聖主千載之遇。顧以讒謗失身，上貽清朝，萬世之羞，臣雖斬尸萬段，死何足惜！但奸黨合謀，致操弄虛詞，欺罔天聽，仰惟聖明，洞察情狀，終不可逃。神鬼鑒臨，亦必永護天威以陰殛，豈能容於聖世？惟是臣生平屢遭風波，咸賴恩造，救諸死地而復生。今當衰暮餘年，旁鮮兄弟，下無子嗣，不幸復遭此群奸毒陷死命。聞銑先處決，淳隨死獄中，極苦冤情，無所對證。書字真偽，無從辯驗。中外人情，附勢趨炎，將視臣如仇讐，又無復爲臣言者。非仰賴聖明，曲施好生大恩，爲臣特賜推鞫實情，則臣庸苦危迫之命無所控訴。生爲冤民，死爲冤鬼矣。

伏乞天恩下澤枯骨，乞敕三法司會同多官，將臣奏内事情逐一從公追究。主使、具稿及寫本、看本人等并查勘銀兩地方，徵取之由，及經由驛遞，馱送實迹，不可徇情，爲權奸隱護，爲孤臣裝誣。務要至公至明，求事有指。實如臣有前項贓賄，將臣明正典刑，榜其辱國負恩之罪，闔門誅夷，更復何辭！其假捏奏疏，欺罔朝廷，如果臣言不謬，則進御實封，尚可假撰贓污浮詞，豈不橫生。陛下可以明正奸惡，而臣之大冤萬一可雪矣。

伏乞聖慈，俯垂憐憫，命多官會審於廷，責廠衛密體訪於外。日月旁燭之下，自盡得實情，庶臣不爲權奸誣陷而死。然後將臣明正誤國負恩之罪，即藁尸通衢，萬死何恨！死在九泉，尤當願爲忠鬼，以報皇上天高地厚之恩也。臣無任含冤泣訴，祈天恩怜察苦情，萬萬感戴之至恩。爲此具本，令義男夏志科抱奏。等因。

奉聖旨："該衙門知道。"

刑部等衙門尚書等官喻茂堅等一本

欽奉聖諭事。

臣等今議得，犯人夏言先該已處決犯人曾銑供稱，節次托蘇剛轉送銀兩，與夏言接受隱匿失事情由，朦朧奏啟。該多官會議，擬曾銑依諸衙門官交結近侍人員，夤緣作弊，而扶同奏啟，斬罪。今該鎮撫司參問夏言所供情由，與曾銑原供無異，法應并坐。

臣等會議得，夏言所犯仍依諸衙官若與近侍人員互相交結，夤緣作弊，而扶同奏啟者，律斬，秋後處決，妻子流二千里安置。臣等伏睹《大明律》內一款："應議者犯罪，開具所犯應議之狀，先奏請議，定奪奏聞，取自上裁。欽此。"今照夏言，所犯前罪，但遭逢皇上應運中興，裁成天地，制作禮樂，功德隆盛，超越千古。但夏言叨在輔佐之列，閱歷年久，亦曾效有微勞，且原係文職一品，律得議能議貴人數。伏乞聖明特賜裁決，以光聖治，以存國體，惟復別有定奪。

奉聖旨："你每任曰執法，且恩威上出，如何借議朋護朕，任逆言若腹心。彼則視君為何？銑初上疏，彼則密奏強君，朕何有一言諭答。敢動稱有密諭，主行啟禍，殃民之事。至有旨問之日，猶不知罪。示戒止令致仕，復作怨語曰，前去因不奉戴香巾，怨上不服，內府擅乘輿之罪。今日為朝廷計，非以身家，又遭斥削，是人臣禮歟？正以西內貳叁月直候不得見蘇剛為辭，你每却又言直侍內苑，是何法理？還依律一定議奏裁處。"

刑部等衙門尚書等官喻茂堅等一本

仇奸誣陷，極害死情，懇乞天恩，特賜廷鞫，以伸大冤事。

內開：覆夏言辯奏緣由。奉聖旨有諭："着說緊急的事。原本亦無有'看來'字樣，喻茂堅等堅恣回護之私，違旨瀆覆，着從實回將話來。"

刑部等衙門尚書等官喻茂堅等一本

懇乞天恩，認罪回話事。

內開：會議犯人夏言差錯緣由。奉聖旨："喻茂堅等明知有旨停奏，乃敢違覆擾，好生朋護欺肆，本當重治，姑從寬。掌印官各罰俸三個月，其餘貳個月。該司郎中都察院提了問。"

刑部等衙門尚書等官喻茂堅等一本

欽奉聖諭事。

內開：會議犯人夏言緣由。奉聖旨："夏言受朕隆眷，擢至輔弼，却乃不思盡忠補報，專恣欺肆，屢斥不悛。今又黨結逆惡，主議伐套。擅開邊釁，誤國負君。本身并妻子依律決斷。"

刑部等衙門一本

欽奉聖諭事。

內開：犯人夏言見在鎮撫司監候，秋後處決。妻室行江西巡按御史解發二千里安置。等因。奉聖旨："是。"

【校勘記】

[1] 宵旰：原作"宵肝"，下文又作"霄旰"，據文意改。下同。
[2] 具：此字原脱，據前文及文意補。
[3] 曰：原作"日"，據文意改。
[4] 巡按：原作"巡撫"，據後文改。
[5] 汪銘：下文又作"汪名"。
[6] 陳良相：下文又作"陳良""陳良輔"。
[7] 銑：原作"詵"，據人名用字改。
[8] 贏：原作"嬴"，據下文及文意改。
[9] 嬴：原作"贏"，據下文及文意改。下同。
[10] 剛復：疑當作"剛愎"。
[11] 苦：原作"若"，據文意改。

兵部鎮守寧夏將軍檔案

〔清〕佚　名　撰　　胡玉冰　校注

校注說明

《兵部鎮守寧夏將軍檔案》，一題《清朝道光九年兵部鎮守寧夏將軍檔案》，不分卷，佚名編纂。該檔案主要匯集了道光九年（1829）一年間寧夏將軍昇寅、副都統伊勒東阿等處理的若干相關寧夏的事件，按《千字文》十二個順序字，分爲"攝字""職字""從字""政字""存字""以字""甘字""棠字""去字""而字""益字""咏字"共十二部，分別對應着道光九年的一月、二月、三月、四月、五月、六月、七月、八月、九月、十月、十一月、十二月，共錄檔案一百三十二件。其中，"攝字"共十七件，按"攝字一號"至"攝字十七號"依次編排。其他十一字均仿這種體例編排。"職字"十四件，"從字"八件，"政字"六件，"存字"十二件，"以字"十四件，"甘字"十一件，"棠字"七件，"去字"十三件，"而字"七件，"益字"十四件，"咏字"九件。"攝""職""從""政""存""以"等六字編號的全部檔案有具文的年份和月份，無具體的日期。其他各字編號檔案中，"甘字"二號、五號、六號、八號至十一號，"棠字"二號至四號，"而字"六號，"咏"八號、九號，都祇有具文的年份、月份，無具體的日期，其他編號的檔案年、月、日俱全。特別是"去字"全部十三件檔案，"益字"全部十四件檔案，日期都完整。

這批檔案的内容，涉及寧夏鎮八旗官員休致、俸銀支領、養贍銀繳還、衙署兵房修建、衙役工食支領、文武舉人赴京會試盤纏、兵丁俸餉發放、門炮火藥支取、傷退士兵領賞、逃兵旗檔銷除、糧務運輸、馬匹購置、節婦建坊銀兩、紅白銀兩支領、利息銀兩支領等，這些在其他史書如正史、實錄、舊志等文獻多不見載，或語焉不詳，因而具有較高的學術研究價值，可以進一步了解清朝道光年間寧夏八旗駐防制度及八旗士兵的生活細節，藉此加強此方面學術研究的薄弱環節，一定程度上填補了資料的空白。

《兵部鎮守寧夏將軍檔案》現存日本東洋文庫，孤本。半頁九行，每行二十幾字，字數不等。本次整理，以東洋文庫本爲底本，校以《清實錄》等其他歷史文獻。以脚注表示注釋的内容，校勘記附于卷尾。

兵部鎮守寧夏將軍檔案

攝字一號

鎮守寧夏將軍昇、①副都統伊[1]爲咨報事。

右司案呈：道光八年十二月二十六日，據寧夏府申稱，案奉藩憲飭發，卑府飭委花馬池州同陳因培應領滿營調解軍營買補十分之七馬四百一十四匹，每匹價銀八兩，共銀三千三百一十二兩。内除司扣平餘銀三十三兩一錢二分，實領回銀三千二百七十八兩八錢八分，已于本年十二月十三日領回貯庫訖。所有領回銀數、日期，理合遵用空白印文呈明將軍大人電鑒飭領。爲此具申，伏乞照驗施行。等情。

據此，隨將應領馬價銀三千二百七十八兩八錢八分，于本年十二月二十七日，由寧夏府庫如數支領前來，隨即散給各兵丁等查收訖。

今將收到銀兩數目、日期呈請咨報兵、户部、陝甘總督，並照會甘肅報銷局、寧夏道查照。等情。據此，除分咨外，相應預印空白移咨。爲此合咨大部、貴督部堂，請煩查照希即轉飭甘肅藩司知照。施行。

右咨兵、户部、陝甘總督部堂。等情。據此，除分移外，擬合照知。爲此照會貴局、該道查照可也。須至照會者。

右照會甘肅報銷局、寧夏道。

道光九年正月□日。

預印空白。

---

① 將軍昇：據《清實錄》卷一四〇"道光八年八月己卯"條載，指寧夏將軍昇寅。

攝字二號

鎮守寧夏將軍昇、副都統伊爲咨報事。

右司案呈：據寧夏府申稱，道光八年八月二十九日，奉甘肅布政司顏憲牌，承准寧夏將軍昇照會，右司案呈：案照本營自雍正三年設立駐防時，八旗官兵每月支放俸餉所需砝碼係地方官照依部頒式樣製造，呈賫平兌。嗣于乾隆四十二年所頒砝碼，兌用年久，棱角摩減，與部頒分量不符，不免有輕重之虞。呈請照知藩司，飭令寧夏府另製砝碼一副，驗準呈賫，應用在案。至今需用五十餘年，棱角多有摩減，與部頒分量不符。每月支放八旗官兵俸餉，難免有輕重不平之虞，應請照會甘肅藩司，轉飭寧夏府，照依部頒式樣，另製砝碼一副，以憑彈兌，庶爲公便。等情。

據此，擬合照會貴司，轉飭作速製造，由司較準，呈送可也。等情。到司。准此，合行檄飭。爲此仰府官吏查照來牌事理，刻將滿營應需砝碼飭令匠役即照部頒式樣、輕重分量另製一副，包裹如法，差役賫司，以憑較準，轉呈寧夏將軍應用，毋得遲延。速速。等因。

奉此，卑府遵照依部頒式樣另製砝碼二副，申賫藩憲驗準，今已飭發到府。理合具文，呈送將軍大人衙門一副，卑府衙門存留一副，庶便按月支放兵餉，以昭畫一。並請將舊砝碼一付飭發下府，以便收銷。爲此具申，伏乞照驗施行。等情。

據此，除將申送另製砝碼一副飭發寧夏府收銷外，理合將收繳砝碼緣由呈請咨報兵、戶部、陝甘總督、寧夏道查照。等情。據此，除分咨外，相應預印空白移咨。爲此合咨大部、貴督部堂，請煩查照希即轉飭甘肅藩司知照。施行。

右咨戶部、陝甘總督部堂。等情。據此，除分移擬合照知。爲此照會該道查照可也。須至照會者。

右照會寧夏道。

道光九年正月□日。

預印空白。

攝字三號

鎮守寧夏將軍昇、副都統伊爲咨明事。

右司案呈：道光八年十二月二十二日，准甘肅報銷局咨呈，承准貴將軍照會，內開：右司案呈，案查道光六年十一月二十四日，准左司移付，奉署將軍批，據辦理軍營糧務、前任山東兗沂曹濟道申稱，竊照軍營所需帳房率由內地滿漢各營調撥解運，茲職道行至吐魯番，適憲標官兵五百餘員名奉文撤回，當將原帶白布夾帳房一百頂，木杆、鐵鍬俱全，截留吐魯番廳庫收貯，聽候阿克蘇大營調用，以免由內地撥解之費。除報明陝甘總督及蘭州軍需局撥銀補製外，[2]理合具報憲臺查考。等因。相應移付查照。等因。

准此，查此案堵禦官兵原帶帳房內奉文截留吐魯番白布夾帳房一百頂，木杆、鐵鍬俱全，至今二載有餘，未准領銀補製，理合呈請，照知甘肅報銷局查照，速爲辦理，撥給物料工價銀兩，以便補製，以足原額。並請咨明陝甘總督轉移甘肅布政司查照辦理。等情。

據此，除分咨外，擬合照知。爲此照會貴局查照，速爲辦理，即撥給物料工價銀兩，以便補製，以足原額可也。等因。到局。承准此查。此案堵禦官兵原帶截留吐魯番白布夾帳房係應造估後領銀補製之件，今數目册籍甫經請咨送部，而應需物料工價銀兩尚未估造有數，礙難先行咨發銀兩。

茲准前因，擬合咨覆。爲此合咨，呈貴將軍，煩照未咨呈事理，祈將前項截留帳房轉飭造具工料細數估册，咨送俟請題後，再爲領銀補製歸款。等情。據此，遵將應製帳房一百頂約估需用布匹、麻繩，木杆、鐵鍬等項物料工價銀兩數目，造具清册，呈請照送甘肅報銷局查辦，給銀補製，以足原額，實爲公便。等情。據此，擬合照知。爲此照會貴局查辦可也。等因。到局。承准此查。

寧夏滿營應製截留吐魯番未經帶回白布夾帳房一百頂副,當經咨請造估去後。茲查造到册內需用工料俱係籠統一總開造,並未照例裝叙工程做法,碍難率轉請題。但查滿營歷來並無製造帳房等項例案可循,揀查每年操演火葯等項,係由綠營代爲製造。又,寧夏滿營派赴西寧進剿賊番案內,征兵帶缺鉛葯、火繩,請奉部覆,已在督標中營存貯川楚軍需撥剩軍物內撥還歸款在案。此案帳房,事同一律。且各綠營均有撥帶缺額帳房,自應仍歸綠營撥缺案內畫一照例造估,以免歧錯。

除移寧夏鎮轉飭代造外,擬合咨明。爲此合咨,呈貴將軍,請煩查照辦理施行。等因。前來。理合呈請,咨明寧夏鎮查照辦理。等情。據此,擬合移咨。爲此合咨貴鎮,請煩查照辦理施行。須至咨者。

右咨寧夏鎮。

道光九年正月□日。

預印空白。

攝字四號

鎮守寧夏將軍昇、副都統伊爲繳還銀兩事。

右司案呈:案照道光九年正月分,食一兩,甲兵一百三十六名,每名給養贍銀一兩,共給養贍銀一百三十六兩。于八年十二月十四日,呈請照會寧夏道,轉飭照數支給在案。茲據該旗協領呈報,正藍旗花尚阿佐領下食一兩告退甲兵珠隆阿于八年十二月十九日病故,所有該兵支過九年正月分養贍銀一兩,呈請照數繳還。等情。轉呈到司,理合呈請照知寧夏道轉飭查收。等情。據此,擬合照知。爲此照會該道,即轉飭查收,仍將收過數目、日期具文報查可也。須至照會者。

右照會寧夏道。

道光九年正月□日。[3]

預印空白。

攝字五號

鎮守寧夏等處將軍昇、副都統伊爲咨繳糧單事。

右司案呈：道光八年十一月初八日，准户部咨開：准兵部咨稱，准厢黃旗滿洲都統咨户部候補主事寶告假兩个月，護送伊父新授寧夏將軍昇眷屬赴任，造册咨部請引。等因。除本部給發路引外，所有應支車輛銀兩並家口口糧、馬匹草束，既經兵部照例核明，咨部給發。相應札付銀庫郎中，將將軍昇眷屬應支車價銀六十三兩二錢驗明印領，照數給發。仍照例填寫糧單一紙，令沿途地方官查照該將軍家口共四十名口，日給米八合三勺，分別粳、粟。給與馬五十匹，日支七斤重空草一束。並行文陝甘總督，俟該將軍家口到日，即將糧單送部查銷，仍知照寧夏將軍可也。等因。

准此，查將軍昇家口已于道光八年十一月二十二日到任，所有原領草單一紙仍由户部候補主事寶回京親自携往。兹于本年正月十七日，自寧夏起程，俟到京時，自行送部繳銷之處，理合呈請，咨明户部查照。等情。據此，相應移咨。爲此合咨大部，請煩查照施行。須至咨者。

右咨户部。

道光九年正月□日。

預印空白。

攝字六號

鎮守寧夏等處將軍昇、副都統伊爲恭録飭知事。

右司案呈：據甘肅布政司咨呈，道光八年十二月二十三日，蒙陝甘總督楊案驗，竊照本爵督部堂于道光八年十一月初十日具奏，陝甘兩省滿營紅白銀兩請俟三年後酌中定額緣由一摺，前已抄録摺稿，飭知在案。今于本年十二月十七日奉硃批："另有旨。欽此。"同日，奉上諭一道，内開：内閣奉上諭："楊奏陝甘兩省滿洲營紅白銀兩，請俟三年後酌中定額一摺。陝甘兩省各營兵丁紅白賞恤銀兩，前經戶部議請，于綠營兵丁應領例賞銀兩酌減十分之三，以抵不敷之數，不得再請加增。其滿洲營兵丁賞項應酌量撙節，或另行籌議變通之處，當交該督會同該將軍、副都統等妥商具奏。兹據該督奏，綠營兵丁賞項每年原設銀四千八百餘兩，從未逾額。甘肅滿洲營兵丁賞項每年原設銀五千兩，恒有溢支。緣甘肅省例賞較陝省本重，每年支發銀數亦多。惟該營項每年既有逾額，自應酌定限制。着照所請，所有甘肅滿洲營兵丁紅白賞項，自本年爲始，由該將軍等核實給散，統俟三年後酌中定額，由該督會同該將軍等另行會議具奏。至西安滿洲營賞項雖未逾額，亦應核實定數，並著俟三年後一併會議奏明辦理。該部知道。欽此。"合行恭錄飭知。爲此仰司官吏查照來文原奏内奉硃批、上諭事理，欽遵遵照，仍明移明寧夏將軍、涼州副都統、莊浪城守尉知照毋違。等因。到司。

　　蒙此，合用印文案就咨。爲此合咨，呈貴將軍，煩照來咨呈院文內奉硃批、上諭事理，欽遵遵照施行。等因。准此，理合呈請，照知寧夏道轉飭寧夏府遵照。等情。據此，擬合照知。爲此照會該道，即轉飭遵照可也。須至照會者。

　　右照會寧夏道。

　　道光九年正月□日。

　　　預印空白。

攝字七號

　　鎮守寧夏將軍昇、副都統伊爲照知事。

　　右司案呈：准戶部咨開：查寧夏滿營調解軍營馬匹應扣缺曠料草，既據陝甘總督、寧夏將軍將不符緣由詳細聲明本部，按該將軍從前造原册應扣空缺料草數目，按日核算，均屬相符。所有前項長扣料草折銀並本色料石，應准其找領，仍于兵馬奏銷案内分晰聲明造報，相應咨覆陝甘總督、寧夏將軍可也。等因。

准此,查此案調解軍營馬匹應扣缺曠料草銀兩內,除抵繳外,實找支料折銀二十八兩二錢六分七厘,草折銀三十五兩,本色料二十八石二斗六升七合,已于道光八年四月初一日,照數支領前來,業經咨報在案。今准部咨,令前項長扣料草折銀並本色料石應准其找領。等語。理合呈請,照知寧夏道轉飭寧夏府,即將前項多扣一日半本料八石半折料銀八兩,照數支給,實爲公便。並將戶部來咨抄錄粘單,以憑查照。等情。據此,擬合照知。爲此照會該道查照來文事理,即轉飭將前項長扣料草折銀並本色料石照數找領可也。須至照會者。

計粘單一紙。

右照會寧夏道。

道光九年正月□日。

預印空白。

攝字八號

鎮守寧夏將軍昇、副都統伊爲咨明事。

右司案呈:據廂白、正藍兩旗滿洲協領多倫佈呈,[4] 據正藍旗滿洲佐領花尚阿等呈稱,道光四年正月十七日,奉左司傳抄,准兵部咨,職方司案呈,內閣抄出寧夏將軍格等奏稱,廂黃、正白兩旗滿洲協領富尼雅漢出兵打仗,得有功牌,因半身麻木,不能當差,懇請休致。等情。委驗屬實,請將協領富尼雅漢休致,將該員履歷勞績造册,咨送兵部。等因。奉旨:"兵部議奏。欽此。"到部。

查定例,內外三品以下官員因老病告休,准其原品休。原將該員履歷打仗得有功牌,年至六十以上,可否賞給半俸,請旨。等語。今寧夏廂黃、正白兩旗滿洲協領富尼雅漢因半身麻木,不能當差,懇請休致。經該將軍委驗實實,應照例准其原品休致。至富尼雅漢曾經出兵打仗,得有功牌,現年六十五歲,可否賞給半俸,以養餘年之處,恭錄欽定。道光三年十一月二十四日題,本月二十六日奉旨:"富尼雅漢曾經出兵打仗,得功牌,着以原品休致,給與半俸,以養餘年。欽此。欽遵。"移咨前來。

奉此,查告休協領富尼雅漢既經部咨,賞食終身半俸。查該員歲支半俸銀六十五兩,每月應支倉石俸米一石五斗,家口米折銀二兩二錢五分,于道光四年二月初一日照例起支在案。今查,告休食半俸協領富尼雅漢于道光九年正月十二日病故,其該員應支半俸銀兩米石,自應于二月初一日照例停止,呈請辦理。等情。轉呈到司。理合呈請,咨明戶部、陝甘總督,並照知寧夏道查照停止。等情。據此,除分咨外,相應移咨。爲此合咨大部、貴督部堂,請煩查照施行。

右咨戶部、陝甘總督部堂。等情。據此,擬合照知。爲此照會該道,即轉飭查照停止可也。須至照會者。

右照會寧夏道。

道光九年正月□日。

攝字九號

鎮守寧夏將軍昇、副統伊爲照知轉飭遵辦事。

右司案呈:准戶部咨,查寧夏縣請領墊支寧夏滿營節婦那拉氏、富查氏等二口每口應領建坊銀三十兩,共銀六十兩。據陝甘總督咨報,照數在于道光八年兵餉款內給發,該縣領回還墊。等語。本部核與應給銀數相符,應咨該督轉飭,將給發過銀兩造入道光八年兵馬奏銷册內送部核銷。再,查禮部原題內尚有厢白旗蒙古兜青阿佐領下已故養育兵阿勒太之妻張佳氏一口應給建坊銀三十兩,曾否請領給發,文內未據聲明,應咨陝甘總督轉飭詳查報部,並照知寧夏將軍可也。等因。

准此,案查道光八年三月十七日,准禮部咨,寧夏將軍册送厢紅旗滿洲富勒炳阿佐領下已故馬甲清安之妻那拉氏、前鋒玉林之妻富查氏、厢白旗蒙古兜青阿佐領下已故養育兵阿勒太之妻張佳氏,以上三口俱係寒苦守節,題請給銀建坊。等因。前來。遵將前項節婦三口每口給銀三十兩,共銀九十兩,呈請照知寧夏道轉飭寧夏、寧朔二縣,[5]在于地丁存留項下照數支給,聽本家自行建坊之處,于道光八年二月二十五日咨明户部、陝甘總督,照知寧夏道查照支給在案。兹准前因,合再照知寧夏道轉飭查照原行,徑咨督憲辦理施行。等情。據此,擬合照知。爲此照會該道,即轉飭遵辦可也。須至照會者。

右照會寧夏道。

道光九年正月□日。

攝字十號

鎮守寧夏將軍昇、副都統伊爲造報官兵馬匹數目事。

右司案呈:案照乾隆五年正月初八日,准兵部咨開:嗣後駐防官兵原設馬匹有無增減之處,每于歲底彙造總册,咨送兵部備查。等因。歷經遵辦在案。今查道光八年正月初一日起,至十二月底止,八旗官兵原設馬匹並按月增減各數目理合彙造總册,呈請咨送兵部備查。等情。據此,相應咨送。爲此合咨大部,請煩查照施行。須至咨者。

計咨送册一本。

右咨兵部。[6]

道光九年正月□日。

攝字十一號

鎮守寧夏將軍昇、副都統伊爲行支俸銀事。

右司案呈:案照八旗官員應支俸銀,除驍騎校俸銀按月隨同兵餉支領外,所有將軍以下及筆帖式等官于春秋二、八月行支。今查道光九年春季二月分,八旗行支俸銀官六十五員。內將軍一位,應支俸銀九十兩。副都統一位,應支俸銀七十七兩五錢。協領五員,應支俸銀三百二十五兩。內除應扣降三級俸銀一百七十五兩,實支銀一百五十兩。佐領十八員,應支俸銀九百四十五兩。佐領兼騎都尉一員,應支俸銀五十五兩。防禦二十四員,應支俸銀九百六十兩。步營防禦二員，應支俸銀八十兩。八品筆帖式二員，應支俸銀二十八兩。九品筆帖式一員，應支俸銀十兩五錢五分七厘。騎都尉一員，應支俸銀五十五兩。騎尉一員，應支俸銀二十二兩五錢。食半俸之半騎尉一員，應支俸銀五兩六錢二分五厘。食終身半俸協領一員，應支俸銀三十二兩五錢。全俸佐領二員，應支俸銀一百五兩。半俸佐領一員，應支俸銀二十六兩二錢五分。全俸防禦一員，應支俸銀四十兩。半俸防禦二員，應支俸銀四十兩。以上通共應支銀二千七百二十二兩九錢三分二厘。內除協領等官扣還修署銀五百九十七兩五錢，實支錢二千一百二十五兩四錢三分二厘。理合開列粘單，呈請照數行支。等情。據此，擬合照知。爲此照會該道，即轉飭照數支給可也。須至照會者。

右照會寧夏道。

道光九年正月□日。

攝字十二號

鎮守寧夏將軍昇、副都統伊爲行支錢糧事。

右司案呈：案照八旗官兵每月應支俸餉米石並馬匹料草等項，按月支領。今查道光九年二月分，八旗額設官七十九員，內欠缺驍騎校二員俸餉米草豆折不支外，實在行支錢糧官七十七員，內原設兵三千四百七十二名。本色料一千七百六十八石八斗，料折銀一千七百六十八兩八錢。以上共應支銀一萬二千四百一十七兩八錢五分。理合開列粘單，呈請照數行支。等情。據此，擬合照知。爲此照會該道，即轉照數支給可也。須至照會者。

右照會寧夏道。

道光九年正月□日。

攝字十三號

鎮守寧夏將軍昇、副都統伊爲行支寡婦錢糧事。

右司案呈：照八旗官兵寡婦每月應支俸餉米石銀兩，按月支領。

今查道光九年二月分，現有寡婦五十五口，食終身半餉陣亡馬甲之寡妻四口，已故領催、前鋒之寡妻四口，已故馬甲之寡妻二十五口，已故炮手之寡妻一口，已故步甲、匠役、養育之寡妻九口，已故食一兩甲兵之寡妻九口。以上通共應支銀一百七十三兩七錢八分一厘。倉石俸粟米二十一石六斗四升五合，合京石米三十三石九斗一升五合。理合開列粘單，呈請照數行支。等情。據此，擬合照知。爲此照會該道，即轉飭照數支給可也。須至照會者。

右照會寧夏道。[7]

道光九年正月□日。

攝字十四號

鎮守寧夏將軍昇、副都統伊爲支給甲兵養贍銀兩事。

右司案呈：案照嘉慶十五年十二月十八日，[8]准兵部咨，准寧夏將軍咨開：因殘疾解退之正黃旗甲兵七十九等，查九年二月分，現有甲兵一百三十四名，每名給銀一兩，共銀一百三十四兩。呈請照數支給，以資養贍。等情。據此，擬合照知。爲此照會該道，即轉飭照數支給可也。須至照數者。

右照會寧夏道。[9]

道光九年正月□日。

攝字十五號

鎮守寧夏將軍昇、副都統伊爲預領紅白恤賞銀兩事。

右司案呈：乾隆五十四年十一月初八日，准陝甘總督部堂楊咨，據甘肅布政司詳稱，寧夏滿營應需紅白銀兩，與綠營事同一例，既因歷年用剩銀兩已飭交寧夏府屬，轉交五州縣給商生息，其季應需恤賞兵丁紅白銀兩無項墊動，自應請照綠營預借之例，于每年每首，[10]由寧夏府出具印領，赴司借支，以備賞恤，俟季底查明賞過確數，造具冊領，銷還原借。緣蒙飭議，飭令寧夏府出具印領，驗掛發司，給發備賞外，所有辦理緣由，相應詳請咨覆寧夏將軍知照。等因。前來。照辦在案。

　　茲查道光八年冬季分，八旗官兵共出紅白事二百一十五件，共賞使過銀一千四百八十七兩。據理通益庫事務協領阿璽達、扎隆阿造冊前來，理合呈請，飭發查辦。再，查冬季原領銀七百兩，除儘數使過外，尚不敷整使銀七百八十七兩，又領春季備賞七百兩。呈請飭知寧夏府，一併照數領給。等情。據此，擬合飭知。爲此仰府官吏查照支給可也。須至牌者。

　　計發冊一本。

　　右仰寧夏府准此。

　　道光九年正月□日。

攝字十六號

　　鎮守寧夏將軍昇、副都統伊爲支領二月分利銀二百兩以養贍，牌行寧夏府，如數支給可也。

　　右仰寧夏府准此。

　　道光九年正月□日。

攝字十七號

　　鎮守寧夏將軍昇、副都統伊爲飭知事。

　　右司案呈：據寧夏府申稱，內開：請將照向例開支本色草束緣由，經咨藩司，並檄飭下府，以便具報。等語。查此案道光八年十二月分，兵丁、馬匹應需本色、草束仍照舊例開支，已于道光八年十二月二十五日照知甘肅布政司寧夏道在案。茲據前請，擬合飭知。爲此仰府官吏查照可也。須至牌者。

　　右仰寧夏府准此。

　　道光九年正月□日。

職字一號

　　鎮守寧夏將軍昇、副都統伊爲照知事。

據甘肅布政司咨呈，蒙陝甘總督咨，准户部咨，查甘肅寧夏縣請領墊支寧夏滿營節婦那拉氏、富查氏等二口每口應領建坊銀三十兩，共銀六十兩。據陝甘總督咨報，照數在于道光八年兵餉款内給發該縣領回，收還原墊。等語。本部核于應給銀數相符，應咨該督轉飭，將給發過銀造入道光八年兵馬奏銷册内，内部核銷。再，查禮部原題内尚有廂白旗蒙古兜青阿佐領下已故養育兵阿勒太之妻張佳氏一口應給建坊銀三十兩，曾否請領給發，文内並未聲明。應咨陝甘總督，轉飭詳查報部，並知照寧夏將軍可也。等因。到司。蒙此，擬合咨呈貴將軍，請照部文内事理知照。等情。

　　據此，案查，道光八年三月十七日，准禮部咨，寧夏將軍册送廂紅旗富勒炳阿佐領下已故馬甲清安之妻那拉氏、前鋒玉林之妻富查氏、廂白旗蒙古兜青阿佐領下已故養育兵阿勒太之妻張佳氏，以上三口俱係寒苦守節，題請給銀建坊。等因。前來。將前項節婦那拉氏三口每口給銀三十兩，共銀九十兩，呈請照知寧夏道轉飭寧夏、寧朔二縣，在于地丁存留項下照數支，聽本家自行建坊之處，于道光八年二月二十五日咨明户部、陝甘總督，照知寧夏道查照支給在案。前准户部來咨，當經照知寧夏道轉飭查照本營原行辦理，逕咨督憲外，兹據前情，合再照知甘肅布政司查照。等情。據此，擬合照知。爲此照會該司查照可也。須至照會者。

　　右照會甘肅布政司。

　　道光九年二月□日。

職字二號

　　鎮守寧夏將軍昇、副都統伊爲咨明事。

　　右司案呈：准陝甘總督部堂咨，查陝甘二省滿營紅白銀兩前經本爵督部堂具奏，俟三年後再行酌中定額，業已奉諭旨允准，檄飭該司在案。兹准前情，合行檄飭。爲此仰司官吏查照來文事理，即將該滿營每年支領紅白賞項究應如何給發之處，迅速妥議叙詳，請咨毋違。等因。到司。蒙此遵查，寧夏、涼州、莊浪三滿營紅白恤賞銀兩前經詳議章程，以五千兩爲定額。按兵攤算，計寧夏滿營每歲額銀二千九百四十兩，每季應領銀七百三十五兩。先行照額給領，年終統計。如有不敷，俟奏銷時查明實數，由司籌款墊發。嗣蒙憲臺具奏，自道光八年爲始，由將軍、都統核實給散，俟三年後，酌其適中之數作爲定額，欽奉俞允，[11]通移遵照在案。是該滿營紅白賞項，自應查照前議章程，按季請領，核實給散。即有不敷之銀，每季不過一二百兩，爲數無多，不難墊辦。況年終統計不敷，再爲籌款找發，並非于額數之外不准找領，自未便再爲更張。等情。相應移咨。爲此合咨貴將軍，請煩查照前案辦理，轉飭遵照于行。等因。

准此，案查，本營兵丁紅白賞恤銀兩若以分攤銀數支放，實不敷一年之用。而本營庫貯並非閑款以備墊之處，節經咨明陝督部堂，查照在案。茲查來咨，內開：核計不敷之銀，每季不過三百兩，爲數無多，不難墊辦。等語。但查道光八年一歲共需賞恤銀兩，除分攤銀數外，長使銀一千一百九十兩，豈止一二百兩。核計一歲必需總在一千餘兩之多，本營實無墊項，難以措辦。所有長使銀兩俱係由寧夏府庫按季支領，隨時恤賞。今准前因，合再呈請，咨明陝甘總督查照，轉飭遵照舊章辦理支給，俟三年後再爲酌中定額，實爲公便。等情。據此，相應移咨。爲此合咨貴督部堂，請煩查照，希祈轉飭遵照施行。

右咨陝甘總督部堂。

道光九年二月□日。

職字三號

鎮守寧夏將軍昇、副都統伊爲支領建坊銀兩事。

右司案呈：據厢黃、正白兩旗滿洲協領扎隆阿等呈，據黃黃旗滿洲佐領哈豐阿等呈稱，[12]奉左司傳抄，道光九年二月初十日，准禮部咨，儀制司案呈：所有前事一案，相應抄單，知照可也。計粘單一紙。據寧夏將軍册送郭勒明阿署佐領下馬甲倭克錦之妻他他拉氏、慶福佐領下步甲雅爾杭阿之妻奇蘇克氏，以上節婦二口俱係寒苦守節，應請給銀建坊。應如所請，准其旌表。俟命下之日，臣部行文該處，每口給銀三十兩，聽本家自行建坊，並于節孝祠門外大坊題名其已故者。應已左右兩翼節孝祠內設牌之處，行文工部，照定例遵行。等因。道光八年十二月十四日題，十六日奉旨："依議。欽此欽遵。"移咨前來，傳抄到職等。

奉此，查職佐領下已故馬甲倭克錦之妻他他拉氏等二口既經禮部題准，每口給銀三十兩，呈請領給，聽本家自行建坊。各等情。轉呈到司。據此案查，乾隆四年五月二十九日，准戶部頒發條例，內開：忠孝節義恩賞建坊銀兩，照武舉會試盤費之例，統歸州縣地丁存留項下就近支領。等因。歷經遵辦在案。今據該協領等報廂黃旗滿洲哈豐阿佐領下已故馬甲倭克錦之妻他他拉氏、廂藍旗蒙古慶福佐領下已故步甲雅爾杭阿之妻奇穆克氏，以上節婦二口，每口給銀三十兩，共銀六十兩，呈請照知寧夏道轉飭寧夏、寧朔二縣，查照前例，在于地丁存留項下照數支給，聽本家自行建坊，並祈咨明戶部、陝甘總督查照。等情。據此，除照知寧夏道轉飭照數支給外，相應移咨。爲此合咨大部、貴督部堂，請煩查照希祈轉移蘭州藩司知照。施行。

右咨戶部、陝甘總督部堂。等情。據此，除分咨外，擬合照知。爲此照會該道，即轉飭照數支給可也。須至照會者。

右照會寧夏道。

道光九年二月□日。

職字四號

鎮守寧夏將軍昇、副都統伊爲照覆事。

右司案呈：據甘肅布政司咨呈，案查奉部咨令，將各省駐防處所暨外省官員並屯居閑散應行審比人丁及各項家奴查明造册，彙詳請咨。等因。前經抄册備咨，轉飭查造及復催去後，迄今各屬俱已查造到司，惟貴將軍所屬各旗員尚未造送前來，以致已到之册不能彙轉。

擬合咨催。爲此合咨，呈貴將軍，請照來咨呈事理，祈即轉飭所屬各旗員，速將應造前項比丁册籍趕緊照例分晰，查造妥册各五分，飛文送司，以憑彙詳請咨。幸勿再延，望速施行。等情。

據此，查本營凡遇比丁之年，均係遵照部咨例限，九月十五日以前咨報到部。等語。查道光八年應造丁册，于八月初自造册咨送户部，並轉移八旗滿洲蒙古都統查照在案。嗣于道光八年九月內，據甘肅布政司咨呈，今歲比丁册檔應趕造五分送司，以憑彙詳請咨。等情。案查本營凡遇比丁之年應造丁册，歷年並無造送藩司之案。業已造具清字册，徑送户部及京城八旗都統，于道光八年十月十六日照覆亦在案。茲據前情，合再呈請，照知甘肅布政司遵查舊案辦理。等情。據此，擬合照知。爲此照會該司查照可也。須至照會者。

右照會甘肅布政司。

道光九年二月□日。

職字五號

鎮守寧夏將軍昇、副都統伊爲照覆事。

右司案呈：據甘肅布政司咨呈，道光九年正月二十八日蒙陝甘總督部堂楊案驗，道光九年正月二十日，准工部咨，營繕司案呈，准陝甘總督楊將寧夏駐防滿營官員兵丁請借俸餉銀兩修理衙署兵房，業經在于司庫兵餉款內借支給發興修之處，咨部前來。查發給銀兩，事隸户部。今寧夏駐防官員兵丁借修衙署兵房給發銀兩，相應移咨户部查核。並咨寧夏將軍轉飭，將前項工程作速照例造具册結，送部查核，勿任延緩，並咨覆陝甘總督可也。等因。到本爵督部堂。准此，擬合就行。爲此仰司官吏查照部文內事理遵照毋違。等因。到司。

蒙此，擬合就咨。爲此合咨，呈貴將軍，請照來咨呈部文內事理，即將修理衙署兵房作速照例造具估計册結送司，以憑轉請送部核辦，幸勿稍緩施行。等情。據此案查，本營官兵借支前項俸餉銀兩修理衙署兵房工竣日期，照依上屆部咨册式，造具工料以及承修、監修官員御名並簡明册結，于道光八年十二月十一日咨送工部在案。兹據前請，理合將業已造具册結、咨送工部日期呈請照知甘肅布政司查照。等情。據此，擬合照知。爲此照會該司查照可也。須至照會者。

右照會甘肅布政司。

道光九年二月□日。

職字六號

鎮守寧夏將軍昇、副都統伊爲造報事。

右司案呈：查嘉慶十五年十二月十八日，准兵部咨，職方司案呈，准寧夏將軍隆咨稱，本年六月内，因殘疾解退甲兵共十名，俱曾經出兵打仗，得有功牌，年在五十以上，相應造册咨部，辦理前來。相應册開，因殘疾解退之正黄旗七十九等曾經出兵打仗，得有功牌，年在五十以上，應照例准其每月給銀一兩，以資養贍。等因。嘉慶十五年十一月初六日題，初八日奉旨："依議。欽此。"相應行文該將軍可也。等因。隨將解退甲兵起支養贍銀兩數目、月日當經造册，咨部在案。

又，陸續解退甲兵起支養贍銀兩亦隨案造册，咨報户部查照在案。今將道光八年正月起，至十二月底止，八旗因殘疾解退甲兵支過養贍銀兩花名數呈報前來，相應彙造總册，呈請咨送户部查照。等情。據此，相應咨送。爲此合咨大部，請煩查照施行。須至咨者。

計咨送册一本。

右咨户部。

道光九年二月□日。

職字七號

鎮守寧夏將軍昇、副都統伊爲造報事。

右司案呈：嘉慶十二年十月二十六日，准户部咨，陝西司案呈：咨寧夏將軍咨稱，查本營奏准，在于滿營庫貯馬價銀内動撥銀一萬五千兩，並于庫存養贍孤寡等項節年積存銀内動撥銀五千兩，交陝甘總督，飭令地方官分給商民，一分起息之處，于本年五月二十日恭錄原奏及欽奉上諭，咨報户部、陝甘總督查照在案。兹查，前項奉撥銀二萬兩，據寧夏府差委寧夏縣典史趙侍嘉執持文領請領前來，當即于本年六月十六日照數單兑給發該員承領，給商生息訖。所有給發銀數、日期，咨户部查照。等因。前來。

　　查該將軍咨報前項奉撥銀二萬兩，據寧夏府差委寧夏縣典史趙侍嘉請領前來，隨于本年六月十六日照數單兑給發，該員承領，給商生息。等語。查于原案相符，應如該將軍所咨，將每年所得利息並動支銀數，以及歸還馬價各數目，按年分晰，造冊咨部，查核可也。等因。遵辦在案。今將道光八年所收利息並動支銀數，以及歸還馬價各數，分晰造册，咨送户部、陝甘總督查照。等情。據此，除分咨外，相應咨送。爲此合咨大部、貴督部堂，請煩查照施行。須至咨者。

　　計咨送册一本。

　　右咨户部、陝甘總督部堂。

　　道光九年二月□日。

職字八號

　　鎮守寧夏將軍昇、副都統伊爲造報事。

　　右司案呈：案查乾隆四十七年二月二十七日，准户部來咨，各省兵丁紅白事件賞恤銀兩遵奉諭旨，自四十七年爲始，動用正項支給，造冊報部核銷。等因。前當經酌議，本營兵丁紅白事件賞恤，既動正項，其掣出支放官兵錢糧，内應出平餘，及官員地租，並官衙署官廊簽房租等款銀内，作爲本營養贍孤寡、幫貼差務使用。其原辦紅白事件並養贍孤寡二款項下歷年使剩積存銀兩，應請仍存本營通益庫，以備鰥孤寡獨增多，並差務紛繁之年，添補使用之處，咨明户部，覆准在案。

　　嗣于乾隆五十四年九月二十日，准兵部火票遞到軍機處爲遵旨議奏事。寧夏滿營現在使剩積存銀五千餘兩，内動銀五千兩，分交寧夏府屬寧夏、寧朔、靈州、中衛、平羅五州縣，給與妥商，每月生息一分。一年期滿，由寧夏府將生息利銀彙收齊全，交存寧夏將軍衙門。每年將所收利銀，合併地租共三千六百餘兩，作爲養贍孤寡並幫貼差務、獎賞等項足敷需用。等因。前來。當經遵照軍機處議覆，奏准動用銀五千兩，照數飭交寧夏府轉交寧夏、寧朔、靈州、中衛、平羅五州縣給商生息之處，于乾隆五十四年十月初五日呈請，咨明軍機處、户部查照，亦在案。

又于道光八年七月二十二日接准兵部火票遞到，本年七月初九日，內閣抄出欽差寧夏將軍昇、陝西巡撫鄂奏爲籌議調劑寧夏滿兵事宜一摺，並欽奉上諭一道，內開："寧夏通益庫內現存馬價銀兩本屬閑款，于此款內提動銀二萬兩，交寧夏府發商，按一分生息，一年可得利銀二千兩。以五百兩歸還原款，以一千五百兩加幫差務。欽此欽遵。"移咨前來，遵照在案。

嗣于道光八年九月初九日，據寧夏府差委經歷胡士模具文請領前來，當即照數單兌給發收領訖。旋據寧夏府詳稱，查五屬當商，城鄉遠近不一，按月支息，誠恐不齊。詳請按季解交，以備公用。等語。查前項一歲應領利銀二千兩，據該府所請按季支領，每季領銀五百兩，于道光八年十二月十八日，已將冬季利銀五百兩如數支領前來，以備幫差需用。所有給發銀兩以及收到利息數目、日期，並按季支領利銀緣由，前經咨明户部、陝甘總督查照，俱各在案。

兹據管理通益庫事務協領阿璽達等將道光八年一歲養贍孤寡並幫貼差務使用銀兩，分晰管、收、除、在各數目造冊前來，呈請咨送户部查照。等情。據此，相應咨送。爲此合咨大部，請煩查照施行。咨至咨者。

計咨送册一本。

右咨户部。

道光九年二月□日。

職字九號

鎮守寧夏將軍昇、副都統伊爲造報彙案題銷事。

右司案呈：查乾隆四十七年二月二十七日，准户部咨開：各省綠營以及駐防處所兵丁紅白事件恤賞銀兩俱應欽奉諭旨，自乾隆四十七年爲始，動用正項支給，造册報部核銷。等因。前來。本處遵照支給正項銀兩，造報兵、户部，核銷在案。嗣于乾隆四十九年六月二十七日，准户部咨覆，内開：嗣後寧夏駐防官兵賞過兵丁紅白事件銀兩，造該督衙門彙案題銷，以省案牘。等因。前來。遵照亦在案。

今據管理通益庫事務協領阿璽達等將道光八年正月起，至十二月止，八旗兵丁所出紅白事件照例應支恤賞銀兩分晰造册前來，理合將造到原册，呈請咨送陝督部堂查照，彙案題銷，並祈咨送兵部暨照送甘肅布政司並飭發寧夏府查照。等情。據此，除分咨外，相應移咨。爲此合咨大部、貴督部堂，請煩查照彙案題銷。施行。

計咨送册二本。

右咨兵部。

計送册一本。

右咨陝甘總督部堂。等情。據此，除分咨外，擬合照知。爲此照會該司查照可也。

計送册一本。

右照會甘肅布政司。等情。據此，除分咨外，擬合飭知。爲此仰府官吏查照可也。

計發册一本。

右仰寧夏府准此。

道光九年二月□日。

職字十號

鎮守寧夏將軍昇、副都統伊爲造報賞借銀兩事。

右司案呈：查乾隆三十五年五月二十六日，准戶部咨開：軍機大臣會同本部奏准各省駐防酌借官項案内，議將山西存剩耗羨銀兩撥解銀一萬兩解交寧夏將軍，于官兵遇有差務及勢不得已之事，准其酌量借給，概不取息。遵照二年之限，在于該官兵應得俸餉銀内坐扣完結，統于年底將出借扣回各數報部。其有尚未扣完遇有事故無俸餉可扣者，今在該營官兵内均勻攤扣完，並令各該督撫就近稽查，將前項酌撥銀兩逐年盤查報部，以憑查核。等因。前來。歷年遵辦在案。

今據管理通益庫事務協領阿璽達等將道光八年一歲照例借給八旗官兵銀兩，並扣回以及實在各數目，造具花名細册二本，呈送到司，呈請分送戶部、陝甘總督查照。等情。據此，除分咨外，相應咨送。爲此合咨大部、貴督部堂，請煩查照施行。

計咨送册一本。

右咨戶部、陝甘總督部堂。

道光九年二月□日。

職字十一號

鎮守寧夏將軍昇、副都統伊爲行支錢糧事。

右司案呈：案照八旗官兵每月應支俸餉米石並馬匹料草等項，按月支領。今查道光九年三月分，額設官七十九員，内欠缺驍騎校二員俸餉米草豆折不支外，實在行支錢糧官七十七員，原設兵三千四百七十二名。以上通共應支銀一萬二千四百一十七兩八錢五分。倉石俸粟米二千四百三十四石五斗六升二合五勺，合京石米三千四百七十七石九斗四升六合四勺。倉石料二千四百二十六石八斗，合京石料三千四百六十六石八斗五升七合一勺。理合開列粘單，呈請照數行支。等情。據此，擬合照知。爲此照會該道，即轉飭照數支給可也。

右照會寧夏道。

道光九年二月□日。

職字十二號

鎮守寧夏將軍昇、副都統伊爲行支周年半餉孀婦錢糧事。

右司案呈：案照八旗官兵寡婦每月應支俸餉米石銀兩，按月支領。今查道光九年三月分，共有寡婦五十六口。以上通共應支銀八十六兩一錢五分六厘。倉石俸粟米二十石八斗二升八合一勺，合京石米二十九石七斗五升四合四勺。理合開列粘單，呈請照數行支。等情。據此，擬合照知。爲此照會該道，即轉照數支給可也。

右照會寧夏道。

道光九年二月□日。

職字十三號

鎮守寧夏將軍昇、副都統伊爲支給造退甲兵養贍銀兩事。

右司案呈：今查道光九年三月分，現有甲兵一百三十一名，每名給銀一兩，共銀一百三十一兩。呈請照數支給，以資養贍。等情。據此，擬合照知。爲此照會該道，即轉飭照數支給可也。

右照會寧夏道。

道光九年二月□日。

職字十四號

鎮守寧夏將軍昇、副都統伊爲支領利銀事。

右司案呈：今查道光九年正月分，應領利銀二百兩。業已支領外，所有二月初一日起，至月底止，應領利銀二百兩。呈請飭知寧夏府隨餉支領，以資養贍。等情。據此，擬合飭知。爲此仰府官吏查照支給可也。

右仰寧夏府准此。

道光九年二月□日。

從字一號

鎮守寧夏將軍昇、副都統伊爲欽奉恩詔事。

右司案呈：准户部咨，河南司案呈，所有本部酌議道光八年十一月初九日，欽奉恩詔條款應辦事宜一案。道光八年十一月二十六日題，二十八日奉旨："依議。欽此。"相應抄錄原題，移咨寧夏將軍轉飭，欽遵辦理可也。計粘單一紙，内開：一，滿洲兵丁披甲隨征效力被傷，不能披甲，及年老有疾退閑者，俱加賞賚一款。臣部查例載，滿洲兵丁每名賞給三梭布七匹，白布三匹。等因。行文在京八旗滿洲都統逐一查明，如有隨征效力被傷，不能披甲，及年老有疾退閑之兵丁，披甲造具花名細册，送部賞給。並行文各省各駐防處所，一體遵照。等因。

准此，隨傳據八旗協佐領等册報，查隨征效力被傷不能披甲之兵丁四名，隨征效力年老有疾退閑之兵丁一百三十一名，隨征效力年過五十以上現在披甲者九十九名，共兵二百三十四名。各另分晰造具花名細册，呈請咨請部示，可否一體每名賞給布匹之處，俟部覆至日，再爲遵照辦理。等情。據此，相應移咨。爲此合咨大部，請煩查照示覆，以便遵照辦理施行。

計咨送册二本。

右咨户部。

道光九年三月□日。

從字二號

鎮守寧夏將軍昇、副都統伊爲欽奉恩詔事。

右司案呈：准户部咨，河南司案呈：所有本部酌議道光八年十一月初九日，欽奉恩詔條款應辦事宜一案。道光八年十一月二十六日題，二十八日奉旨："依議。欽此。"相應抄錄原題，移咨寧夏將軍轉，欽遵辦理可也。計粘單一紙，内開：一，喀什噶爾軍營前後所調各處馬步兵丁借支行裝銀兩，例應于餉銀內分扣還項者，著加恩，展限三年一款。臣部應行文各省督撫、將軍、都統等遵照，仍令各該處前後調過馬步兵丁借支行裝銀兩數目造册送部查核。等因。

准此，案查，道光六年，奉派喀什噶爾堵禦官二十八員，兵五百名，共借支俸裝銀一萬三千零六十四兩一錢一分四厘。于道光七年閏五月十三日，准户部來咨，將軍、協領等官借支銀兩應令即行追繳歸款。其佐領以下官分一年，兵分二年，照數按季扣還。等語。遵將調任將軍格□□借支銀二百二十八兩亦已追繳還項外，所有佐領六員、佐領兼騎都尉一員、防禦七員、驍騎校升任防禦一員、八品筆帖式一員、九品筆帖式一員，共官十七員，共借支銀一千五百三十九兩一錢一分四厘。自道光七年秋季起，至道光八年春季止，業已分作兩季扣還完結。驍騎校七員、恩騎尉升任驍騎校一員官八員，共借支銀五百一十三兩，自道光七年六月起，至道光八年五月止，亦已查扣完結之處，節經咨報户部。至堵禦兵五百名共借支銀一萬五百兩，自道光七年六月起，分作二年二十四個月扣還。每月還銀四百四十兩，末月還銀三百八十兩。自道光七年六月起，①至道光九年三月止，計二十二個月，共扣貯寧夏府庫銀九千六百八十兩，尚欠兩個月未扣銀八百二十兩。現在依現查扣，俟扣完時再爲造册，咨報户部。理合呈請，先爲咨覆户部查照。等情。據此，相應移咨。爲此合咨大部，請煩查照施行。

右咨户部。

道光九年三月□日。

從字三號

鎮守寧夏將軍昇、副都統伊爲行取養廉銀兩事。

右司案呈：案照將軍一歲應支養廉銀一千五百兩，副都統一歲

---

① 道七年：即道光七年。

應支養廉銀七百兩,俱按四季行取。除本年春季分養廉銀兩業已行取在案,所有本年夏季分,將軍應領養廉銀三百七十五兩,副都統應領養廉銀一百七十五兩,呈請行取。等情。據此,擬合照知。爲此照會該道,即轉飭照數批解可也。

右照會寧夏道。

道光九年三月□日。

從字四號

鎮守寧夏將軍昇、副都統伊爲行支錢糧事。

右司案呈:案照八旗官兵應支俸餉米石並馬匹料草等項,按月支領。今查道光九年四月分,八旗額設官七十九員。欠缺驍騎校一員、九品筆帖式一員俸餉米草豆折不支外,實在行支錢糧官七十七員,原設兵三千四百七十二名。倉石俸粟米二千四百三十五石六升二合五勺,合京石米三千四百七十八石六斗六升七勺。倉石料一千八百三十六石五斗五升,合京石料二千六百二十三石六斗四升二合八勺。以上通共應支銀一萬四千二百一十兩二錢五分。理合開列粘單,呈請照數行支。等情。據此,擬合照知。爲此照會該道,即轉飭照數支給可也。

右照會寧夏道。

道光九年三月□日。

從字五號

鎮守寧夏將軍昇、副都統伊爲行支寡婦錢糧事。

右司案呈:案照八旗官兵寡婦每月應支俸餉米石銀兩,按月支領。今查道光九年四月分,應裁去食完一年餉米寡婦連新添,共有寡婦五十七口,内食終身半餉陣亡馬甲之寡妻四口,已故馬甲之寡妻二十五口,已故炮手之寡妻一口,已故步甲、匠役、養育兵之寡妻一十一口,已故食一兩甲兵之寡妻十口。以上通共應支銀八十八兩七錢一分八厘。倉石俸粟米二十一石三斗五升九合四勺,合京石米三十石五斗一升二合四勺。理合開列粘單,呈請照數行支。等情。據此,擬合照知。爲此照會該道,即轉飭照數支給可也。

右照會寧夏道。

道光九年三月□日。

從字六號

鎮守寧夏將軍昇、副都統伊爲支給告退甲兵銀兩事。

右司案呈:案照嘉慶十五年十二月十八日,准兵部咨,准寧夏將軍咨開:因殘疾解退之正黃旗甲兵七十九等,查上月甲兵一百三十一名,其餘各佐領下再無添減。四月分,現兵一百三十名,每名給銀一兩,共銀一百三十兩。呈請照數支養贍。等情。據此,擬合照知。爲此照會該道,即轉飭支給可也。

右照會寧夏道。

道光九年三月□日。

從字七號

鎮守寧夏將軍昇、副都統伊爲支領利息銀兩事。

右司案呈:案查道光八年七月二十二日,接准兵部火票遞到,本年七月初九日,內閣抄出欽差署理寧夏將軍昇、陝西巡撫鄂奏爲籌議調濟寧夏滿兵事宜一摺,並欽奉上諭一道,內開:"查寧夏通益庫內現存馬價銀兩本屬閑款,于此款內提動銀二萬兩,交寧夏府發商,按年一分生息,一年可得利銀二千兩,以五百兩歸還原款,以一千五百兩加幫差務。欽此欽遵。"移咨前來,遵辦在案。

嗣據寧夏府詳稱,遵將奉撥生息銀二萬兩于道光八年九月初九日,委員請領到府貯庫,隨即催令五屬當商領結,于九月二十九日到齊,照數給發該商領回營運訖。但查開設當商,城鄉遠近不一,距府有數百里遙,按月支息,誠恐不齊。詳請按季解交,以備公用。等情。[13]查前項一歲應領利銀二千兩，應照該府所請，按季支領，每季領銀五百兩。今查道光八年冬季分，應領生息銀五百兩業已支領外，所有道光九年正月初一日起，至三月已，止春季底止，應領生息銀五百兩，呈請飭知寧夏府隨餉支領前來，以便需用。等情。據此，擬合飭知。爲此仰府官吏查照，如數支給可也。

右仰寧夏府准此。

道光九年三月□日。

從字八號

鎮守寧夏將軍昇、副都統伊爲支領利銀事。

右司案呈：案照本營奏准在庫貯馬價銀兩並節年積存銀內，動用銀二萬兩，交陝甘總督，飭令地方官分給商民，每月一分起息，合得利息銀二千四百兩，[14]以二千兩作爲養贍。今查道光九年四月分，應領利銀二百兩，呈請飭知寧夏府隨餉支領，以資養贍。等情。據此，擬合飭知。爲此仰府官吏查照支給可也。

右仰寧夏府准此。

道光九年三月□日。

政字一號①

鎮守寧夏將軍昇、副都統伊爲咨明事。

右司案據甘肅報銷登覆所咨呈，准寧夏鎮移，據署標下中軍游擊方一彪呈稱，遵查奉文代製軍營截留滿營夾帳房等項，自應遵照造估，曷敢違謬。但查綠營歷次製造軍物，向係照依部示造估，所領帑項，照時價購料。尚在不敷，營中無項墊辦，職等節經苦賠，以符定額。況綠營製辦單帳房一項，例價銀五兩六錢六分零，按時價製單帳房一項，例價銀六兩六錢二分五厘，每項不敷銀九錢六分五厘。樑柱

---

① "政字一號"一行天頭處有"文稿"二字。

一副例價銀四錢二厘二毫,按時價製樑柱一副需銀四錢七分五厘,[15]每項不敷銀七分三厘。今奉代製白布夾帳房一項,照依部例核算,價銀一十一兩二錢,需按時估價值,每項需銀一十三兩一錢五分,需不敷銀一兩九錢。需共計帳房一百頂副,核不敷銀一百餘兩。職等再四籌思,實在無項添製,是以不揣冒昧,仰懇俯念營艱,據情轉咨報銷局,[16]將前項製辦夾帳房由營造估,仍令滿營自行製造,與公有裨。相應具文呈報,伏祈憲臺俯照轉咨施行。等情。到本鎮。據此,相應據情咨移。爲此合移,請煩查照,見覆飭遵施行。等因。到所。

　　准此,查此案寧夏滿營應製截留吐魯番未經帶回白布夾帳房一百頂副,前因送到冊內將所需工料俱籠統一總開造,又未照例裝叙工程做法,礙難率轉請題。當經移明寧夏鎮轉飭代爲製造,交給還額,仍令歸于綠營撥缺帳房畫一,照例另造估冊,移辦在案。茲既稱照依部示例價,由營造估,仍令滿營自行製造前來,應如所咨辦理,以昭公允。

　　除移寧夏鎮查照飭造外,擬合咨明。爲此合咨,呈貴將軍,煩照來咨呈事理,祈將轉飭遵照,俟前項帳房估冊由鎮造報請題後,仍由滿營請領銀兩,自行製造,收額施行。等情。據此,查製造前項撥缺帳房應造工料估冊,理合照依來咨,移明寧夏鎮飭令照例造具工程做法估冊,徑送甘肅報銷登覆所核辦請題外,並請照知甘肅報銷登覆所查照。等情。據此,除分咨外,相應移咨。爲此合咨貴鎮,請煩查照,希即飭令遵照,造具工料估冊,徑送甘肅報銷登覆所查辦施行。

　　右咨寧夏鎮。等情。據此,除移寧夏鎮遵照,查造工料估冊,徑送甘肅報銷登覆所查辦外,擬合照知。爲此照會貴所查照可也。

　　右照會甘肅報銷登覆所。

　　道光九年四月□日。

政字二號

鎮守寧夏將軍昇、副都統伊爲飭知遵辦事。

右司案呈：據甘肅布政司咨呈，內開道光九年三月十五日，蒙陝甘總督楊憲牌，道光九年三月初二日，准寧夏將軍昇、副都統伊咨開，右司案呈，准陝甘總督部堂咨，查陝甘二省滿營紅白銀兩，前經本爵督部堂具奏，俟三年後，再行酌中定額，業已奉諭旨允准，檄飭該司在案。咨准前情，合行檄飭。爲此仰司官吏查照來文事理，即將該滿營每年支領紅白賞項究應如何給發之處，迅速妥議敘詳，請咨毋違。等因。到司。

蒙此，遵查寧夏、涼州、莊浪三滿營紅白恤賞銀兩前經詳議章程，[17] 以五千兩爲定額。按兵攤算，計寧夏滿營每歲額銀二千九百四十兩，每季應領銀七百三十五兩，先行照額給領。年終統計，如有不敷，俟奏銷時查明實數，由司籌款墊發。嗣蒙憲臺具奏，自道光八年爲始，由將軍、都統核實給散，俟三年後酌其適中之數作爲定額，欽奉諭允，通移遵照在案。是該滿營紅白賞項，自應查照前議章程，按季請領，核實給散。即有不敷之銀，每季不過一二百兩，爲數無多，不難墊辦。[18] 況年終統計不敷，再爲籌款找發，並非于額數之外不准找領，自未便再爲更張。等情。相應移咨。爲此合咨貴將軍，請煩查照前案辦理，轉飭遵照施行。等因。

准此，案查，本營兵丁紅白賞恤銀兩，若以分攤銀數支放，實不敷一年之用。而本營庫貯並非閒款可以備墊之處，節經咨明陝督部堂，查照在案。茲查來咨，內開：核計不敷之銀，每季不過一二百兩，爲數無多，不難墊辦。等語。但查道光八年一歲共需賞恤銀兩，除分攤銀數外，長使銀一千一百九十兩，豈止一二百兩。核計一歲必需總在一千餘兩之多，本營實無墊項，難以措辦。所有長使銀兩俱係由寧夏府庫按季支領，隨時賞恤。今准前因，合再呈請，咨明陝甘總督查照，轉飭遵照舊章辦理支給，俟三年後再爲酌中定額，實爲公便。等情。據此，相應移咨。爲此合咨，請煩查照，希即轉飭遵照施行。等因。到本爵督部堂。

准此，查寧夏滿營紅白賞恤既稱無項可墊，難以措辦，自應遵照舊章辦理支給,[19]合行檄飭。爲此司官吏查照來文事理,遵照辦理,仍將遵辦緣由呈明寧夏將軍毋違。等因。到司。蒙此,查貴滿營紅白賞恤不敷銀兩,既稱無項可墊,自應遵照舊章辦理支給。第司庫紅白賞恤以二萬五千兩作爲定額,分派各營,各有定數。若寧夏滿營可于額外溢支,則別營額內應支之數轉致不足。惟查有寧夏府每年約扣滿營俸餉建曠銀一萬數千兩,係奏銷後,四五月間該府請領滿營俸餉銀兩時查扣之項,所有滿營紅白賞項,除將額攤銀兩按季由司支領外,其不敷之銀,在于該府扣貯滿營建曠銀內先行通融墊支,統俟年終查明實在不敷銀數請領,由司籌款,一總找發,以還墊款,庶滿營領項得以及時支用,而司庫額銀亦不至于顧此失彼。茲蒙前因,除將辦理緣由詳覆督憲,並飭寧夏府照辦外,擬合就咨。爲此合咨,呈貴將軍,[20]煩照來咨呈內事理,照辦施行。等因。准此,理合呈請,飭知寧夏府遵照藩司來咨辦理,即將本營紅白恤賞不敷銀兩,在于府庫扣貯滿營建曠銀內墊支,實爲公便。等情。據此,擬合飭知。爲此仰府官吏遵照來牌事理,即將墊辦可也。

右仰寧夏府准此。

道光九年四月□日。

政字三號

鎮守寧夏將軍昇、副都統伊爲行支錢糧事。

右司案呈:案照八旗官兵應支俸餉米石並馬匹料草等項,按月支領。今查道光九年五月分,八旗額設官七十九員,內欠缺驍騎校一員、九品筆帖式一員俸餉米草豆折不支外,實在行支錢糧官七十七員,原設兵三千二百七十二名。倉石俸粟米二千三百五十三石八斗九升三合八勺,合京石米三千三百六十二石七斗五合四勺。倉石料一千七百七十五石三斗三升一合七勺,合京石料二千五百三十六石一斗八升八合一勺。以上通共應支銀一萬一千七百二十七兩七錢九厘。理合開列粘單,呈請照數行支。等情。據此,擬合照知。爲此照會該道，即轉飭照數支給可也。

右照會寧夏道。

道光九年四月□日。

政字四號

鎮守寧夏將軍昇、副都統伊爲支給告退甲兵養贍銀兩事。

右司案呈：照嘉慶十五年十二月十八日，准兵部咨，准寧夏將軍咨開：因殘疾解退之正黃旗甲兵七十九等，今查道光九年五月分，現有甲兵一百二十九名，每名給銀一兩，共銀一百二十九兩。呈請照數行支。等情。據此，擬合照知。爲此照會該道，即轉飭照數支給可也。

右照會寧夏道。

道光九年四月□日。

政字五號

鎮守寧夏將軍昇、副都統伊爲預領紅白恤賞銀兩事。

右司案呈：乾隆四十五年十一月初八日，准陝甘總督部堂勒咨，據甘肅布政司詳稱，寧夏滿營應需紅白銀兩，與綠營事同一例，既因例年用剩銀兩已飭交寧夏府屬，轉交五州縣給商生息，其每季應需恤賞兵丁紅白銀兩無項墊動，自應請照綠營預借之例，于每年季首由寧夏府出具印領，赴司借支，以備賞恤，俟季底查明賞過確數，造具册領，銷還原借。緣蒙飭議，除飭令寧夏府出其印領，驗掛發司，給發備賞外，所有辦理緣由，相應詳請咨覆寧夏將軍知照。等因。前來。照辦在案。兹查道光九年春季分，八旗官兵共出紅白事一百零一件，賞使過銀八百三十四兩。據管理通益庫事務協領阿璽達、扎隆阿造册前來，理合呈請，飭發查辦。再，查春季原領銀七百兩，除儘數使過外，尚不敷墊使銀一百三十四兩。又領夏季備賞銀七百兩，呈請飭□寧夏府一併照數領給。等情。據此，擬合飭知。爲此仰府官吏查照支給可也。

　　計發册一本。

　　右仰寧夏府准此。

　　道光九年四月□日。

政字六號

　　鎮守寧夏將軍昇、副都統伊爲行支周年半餉孀婦錢糧事。

　　右司案呈：案照八旗官兵寡婦每月應俸餉米石銀兩。今查道光九年五月分，共有寡婦五十六口。以上通共應支銀八十六兩一錢五分六厘。倉石俸粟米二十石八斗二升八合一勺，合京石米二十九石七斗五升四合四勺。理合開列粘單，請照數行支。等情。據此，擬合照知。爲此照會該道，即轉飭照數支給可也。

　　右照會寧夏道。

　　道光九年四月□日。

存字一號

　　鎮守寧夏將軍昇、副都統伊爲咨報扣完銀兩事。

　　右司案呈：案查道光六年，奉派吐魯番堵禦官二十八員、兵五百名，共借支俸裝銀一萬三千零六十四兩一錢一分四厘，于道光七年閏五月十三日，准戶部來咨，將軍、協領等官共借支銀兩應令即行追繳歸款。其佐領以下官分一年，兵分二年，照數按季扣還。等語。遵將調任將軍格借支銀二百二十八兩移咨烏里雅蘇臺任所追還訖。協領二員，共借支銀二百八十四兩業已追繳還項外，所有佐領六員、佐領兼都尉一員、防禦七員、驍騎校升任防禦一員、八品筆帖式一員、九品筆帖式一員，共官十七員，共借支銀一千五百三十九兩一錢一分四厘。自道光七年秋季起，至道光八年春季止，俱已分作兩季扣還完結。驍騎校七員、恩騎尉升任驍騎校一員官八員，共借支銀五百一十三兩。自道光七年六月起，至道光八年五月止，亦已查扣完結之處，節經咨報戶部在案。至堵禦兵五百名，共借支銀一萬五百兩，遵照部咨，原于道光七年六月起，分作二年二十四個月扣還。每月還銀四百四十兩，末月還銀三百八十兩。今自道光七年六月起，至道光九年五月止，計二十四個月，業已遵照原限，如數扣貯寧夏府庫訖。

其扣完銀兩數目，理合呈請照知寧夏道，即飭寧夏府轉解蘭州司庫歸還原款外，並請咨報戶部、陝甘總督，照知甘肅報銷登覆所查照。等情。據此，除分咨外，相應移咨。爲此合咨大部、貴督部堂，請煩查照希即轉飭蘭州藩司知照。施行。

右咨戶部、陝甘總督部堂。等情。據此，除分咨外，擬合照知。爲此照會貴所查照可也。

右照會甘肅軍需報銷登覆所。等情。據此，除分咨外，擬合照知。爲此照會該道，即轉飭寧夏府將扣完銀兩轉解蘭州司庫歸還原款，具文報查可也。

右照會寧夏道。

道光九年五月□日。

存字二號

鎮守寧夏將軍昇、副都統伊爲咨報銷除旗檔事。

左右司案呈：據廂白、正藍兩旗滿洲協領多倫佈呈，據廂白旗滿洲佐領富忠等呈稱，道光六年正月二十二日，奉左司傳抄，准刑部咨，督捕司案呈：查道光五年四月内，據管理廂黃旗滿洲都統英等條奏懲勸旗人一摺，内稱：嗣後旗人初次逃走，或實由病迷，仍准挑差，如逾限一月後，無論投回、拿獲及二次逃走者，均即行銷檔。等因。奏准通行在案。咨據各該處咨部請示，本部遂加查核酌議，逃走，舊例並無限期銷檔，是以永遠緝拿。今既奏准章程，定限一月後，無論投回、拿獲，均行銷檔，則章程以前所有在京並各省駐防一切逃人，無論次數，[21]若在奏定章程一月内投回、[22]拿獲者，俱免其銷檔外，如在一月以後，應照新定章程，毋庸緝拿，即行銷除旗檔。等因。傳抄在案。

　　查職佐領下閑散額爾格春于道光九年四月初四日初次逃走，當即呈明，咨報在案。今該逃兵額爾格春年三十歲，係京城廂白旗滿洲固山佛爾清阿佐領下人，並無妻室。自逃走之日起，逾限一月以外，尚未投回、被獲，自應遵奉新定章程，毋庸緝拿，即行銷除旗檔。理合呈請，轉呈辦理。等情。到職。據此，覆查無異，相應呈明核辦。等因。轉呈批發到司。

　　蒙此，查閑散額爾格春逃走之時，前已咨報兵、刑部，並通行查拿在案。今核額爾格春自道光九年四月初四逃走之日起，限已逾一月以外，理合據該旗所呈，將旗逃額爾格春遵照新例銷除旗檔之處，相應呈請，咨報部、旗查照銷檔。等情。據此，除咨報兵部、刑部、戶部、廂白旗滿洲都統銷除旗檔外，相應咨明。爲此合咨大部、貴旗，請煩查照銷檔施行。

　　右咨兵部、刑部、戶部、廂白旗滿洲都統。
　　道光九年五月□日。

存字三號

　　鎮守寧夏將軍昇、副都統伊爲咨明事。

　　右司案呈：准戶部咨，陝西司案呈：准寧夏將軍昇咨，查寧夏駐防官兵應借修理衙署房間銀七萬六千五百六十八兩，已于道光八年九月初三日，據寧夏府委員，將前項銀兩解送到營，隨即散給各官兵等製辦物料，雇覓匠工，于本月內興工外，其該官兵借修衙署兵房銀兩，自應照依前例，自領銀之下季起，分作八年十六季扣還。查協領、佐領、防禦、筆帖式、恩騎尉等官五十五員所借銀九千五百六十兩，自道光九年春季起，分作八年十六季扣還，每季扣還銀五百九十七兩五錢。驍騎校二十四員所借銀二千八百八十兩，自道光八年十月起，分作八年九十六個月扣還，每月扣銀三十兩。又領催、委署前鋒校、驍騎校、領催前鋒、馬甲、炮手、[23]步甲二千八百名所借銀六萬四千一百二十八兩，自道光八年十月起在月支餉銀內亦分作八年九十六個月扣還之處，于道光八年九月二十四日，造册咨報戶部在案。

兹將驍騎校並兵丁借支借修理衙署房間銀兩自本年十月起，至十二月止，已扣未扣銀兩數目造册咨送戶部查照。等因。前來。查，先據寧夏將軍咨報，該處滿營官兵共應借修理衙署房間銀七萬六千五百六十八兩，分作八年，在于兵丁等應得俸餉銀內按季查扣。經本部查前項借動銀款數目，未據陝督轉案咨報，行令轉飭查明報部以憑，稽核在案。嗣按該督咨稱，寧夏官兵修理衙署兵房共借支銀七萬六千六百四十八兩，內驍騎校兵丁等自道光八年十月起，至十二月底止，在于應領俸餉銀照依原限，按月扣貯寧夏府庫銀二千九十四兩，尚欠未扣銀七萬四千四百七十四兩。現在依限查扣，本部按册核算，與應扣應銀數雖屬相符，惟查此案原借數目不符之處，未據陝甘總督查明報部，應咨該督即行查明報部核辦，仍咨覆該將軍查照可也。等因。

准此，查此項借支修理衙署房間銀七萬六千五百六十八兩，核于寧夏府委員管解修理衙署房間銀七萬六千六百四十八兩，內多恩騎尉一員修署銀八十兩，隨即照數飭發寧夏府查收轉解還項外，並將多銀八十兩緣由，已咨陝甘總督，並照會寧夏道具各在案。

今准部咨，內開：與原借數目不符。等語。合再呈請，咨明陝甘總督查照。等情。據此，相應移咨。爲此合明貴部部堂，請煩查照施行。

右咨陝甘總督部堂。

道光九年五月□日。

存字四號

鎮守寧夏將軍昇、副都統伊爲咨明事。

右司案呈：准戶部咨，陝西司案准寧夏將軍昇咨，右司案呈：道光八年七月二十二日，接奉上諭："寧夏滿營照綠營預支餉銀成案，于每年歲底，預支次年餉銀一萬一千三百四十四兩。二千二百名，每名借給銀四兩。步甲、養育兵、匠役一千二百七十二名，每名借給銀二兩，于次年二月起，至十一月，按十個月扣還。其預支餉銀，咨會陝甘總督，自本年冬季爲始，遵照辦理。欽此欽遵。"在案。

今據八旗協佐領等呈報，查八旗領催、前鋒、馬甲共兵二千二百名，每名借給銀四兩，共銀八千八百兩。炮手、步甲、匠役、養育兵共兵一千二百七十二名，每名借給銀二兩，共銀二千五百四十四兩。茲于本年十二月二十二日，照數支領前來。隨即散給各兵丁等，關在在案。其所借銀兩，于道光九年二月起，至十一月止，按十個月扣還，每月還銀一千一百三十四兩四錢。如有升遷事故，即照扣還房銀之案，在挑補甲缺人名下接續扣還。理合將領到銀兩數目、日期，以及起扣年月，呈報咨明兵戶二部、陝督，並照會寧夏道查照。等情。除分咨外，相應咨部查照。等因。前來。

查先據寧夏將軍昇並欽差大臣鄂具奏，寧夏滿兵綠營預支餉銀成案，每年歲底，預支次年餉銀，于次年二月起，至十一月，按十個月扣還。咨會陝甘總督，自本年年底爲始，遵照辦理。仍俟生息馬價歸款後，即由馬價項下借給，將預支餉銀停止。等因。于道光八年七月初九日，奉旨允准在案。今據該將軍咨稱，據八旗協佐領等支領領催、前鋒、馬甲共兵二千二百名，每名借銀四兩，共銀八千八百兩。炮手、步甲、匠役、養育兵共兵一千二百七十二名，每名借銀二兩，共銀二千五百四十四兩，已照數散給各兵丁等關支。其所借銀兩，于道光九年二月起，至十一月止，按十個月扣還。如有升遷事故，即照扣還房銀之案，在挑補甲缺人名下接扣還項。等語。本部核與該將軍奏明原案借支銀數以及起扣年月雖屬相符，惟該兵等所借銀兩係由何項銀內給發未據聲明，應該將軍詳查報部，再行核辦，並咨陝甘總督查照可也。等因。

准此，查此項借支銀欽奉諭旨，照綠營預支餉銀成案，于每年歲底，預支次年餉銀一萬一千三百四十四兩。于次年二月起，至十一月,按十個月扣還其預支餉銀。成案于每年歲底,預支次年餉銀一萬一千三百四十四兩,于次二月起,至十一月,按十個月扣還其預支餉銀。隨經咨會陝甘總督,照會寧夏道,自道光八年冬季爲始,轉飭遵辦去後,即于本年十二月二十二日,由寧夏府庫將預支餉銀如數支領到營,散給兵丁,遵照辦理在案。

兹准前因,合再呈請,咨明陝甘總督,祈將前項預支次年餉銀係由何項銀内給發之處,應請查明報部,並請咨覆户部查照。等情。據此,除分咨外,相應移咨。爲此合咨大部、貴督部堂,請煩查照辦理施行。

右咨户部、陝甘總督部堂。

道光九年五月□日。

存字五號

鎮守寧夏將軍昇、副都統伊爲咨明事。

右司案據廂白、正藍兩旗滿洲協領多倫佈呈,據正藍旗滿洲佐領賞安圖等呈稱,道光九年六月十三日,奉左司傳抄,准兵部咨,職方司案呈:兵科抄出議寧夏將軍格疏稱,[24]廂白旗滿洲佐領恭泰因傷發醫治,不能當差,懇請休致。至該員曾經出兵打仗受傷,得有功牌,現年七十一歲,可否賞給全俸,以養餘年之處,恭候欽定。等因。道光五年四月二十五日題,本月二十七日奉旨:"恭泰曾經出兵打仗受傷,得功牌,着以原品休致,給與全俸,以養餘年。欽此欽遵。"移咨前來。奉此,查告休佐領恭泰既經部咨,賞食終身全俸。查該員歲支全俸銀一百五兩,每月應支倉石俸粟米二石五斗,家口米折銀二兩五錢,于道光五年七月初一日照例起支在案。

今查告休全俸佐領恭泰于道光九年五月初六日病故,其該員應支全俸銀兩米石自于六月初一日照例停止,呈情辦理。等情。轉呈到司,理合呈請,咨明户部、陝甘總督,並照知寧夏道查照停止。等情。據除分咨外,相應移咨。爲此合咨大部、貴督部堂,請煩查照施行。

　　右咨户部、陕甘总督部堂。等情。据此,除分咨外,拟合照知。为此照会该道,即转饬查照停止可也。

　　右照会宁夏道。

　　道光九年五月□日。

存字六号

　　镇守宁夏将军格、副都统伊为缴还养廉米石银两事。

　　右司案呈,准左司移付,照得本将军升遵奉谕旨:"调补成都将军,俟新任将军到任交卸,行再赴新任。钦此钦遵。"在案。查将军升支过夏季养廉银三百七十五两,按日摊算,每日支银四两一钱六分六厘六毫七丝。自五月二十一日卸事起,至六月底止,共计四十日,应缴养廉银一百六十六两六钱六分六厘八毫。又支过五月分家口米折银二两四钱一分七厘,按日摊算,每日支钱八分三厘三毫三丝。今自五月二十一日起,至月底止,计九日,应缴米折银七钱五分。又支过五月分仓石俸米四石八斗三升三合四勺,按日摊算,每日支米一斗六升六合六勺。今自五月二十一日起,至月底止,计九日,应缴俸米一石五斗。又支过五月分家口本色米二石四斗一升六合七勺,按日摊算,每日支米八升三合三勺。今自五月二十一日起,至月底止,计九日,应缴本色米七斗五升。二项共缴仓石俸粟米二石二斗五升,每石折银一两共折银二两二钱五分。以上三项,共应缴银一百六十九两六钱六分六厘八毫,呈请照数缴还。至衙役工食、门炮、火药银两系衙门公便之项,以备呈交新任将军公用,毋庸缴还。合并声明。等情。据此,拟合照知。为此照会该道,即转饬照数查收,仍将查收过银两数、日期具文申报查照可也。

　　右照会宁夏道。

　　道光九年五月□日。

存字七號

鎮守寧夏將軍格、①副都統伊爲找支養廉等項銀兩事。

右司案呈：准左司移付，照得本將軍昇遵奉諭旨："調補成都將軍，俟新任將軍到任交卸後再赴新任。欽此欽遵。"在案。今新任將軍格于本月二十一日到任，所有應支養廉米石銀兩自應找支查自五月二十一日到任起，至六月底止，每日應支養廉銀四兩一錢六分六厘六毫七絲，共銀一百六十六兩六錢六分六厘八毫。又自五月二十一日起，至月底止，每日應支倉石俸粟米一斗六升六合六勺，共米一石五斗。每日應支家口本色粟米八升三合三勺，共米七斗五升。每日應支家口米折銀八分三厘三毫三絲，共銀七錢五分。以上通共找支銀一百六十七兩四錢一分六厘八毫，倉石俸米一石五斗，家口粟米七斗五升，呈請照數找支。等情。據此，擬合照知。爲此照會該道，即轉飭照數支給可也。

右照會寧夏道。

道光九年五月□日。

存字八號

鎮守寧夏將軍格、副都統伊爲咨報銷除旗檔事。

左右司案呈：據正黃、正紅兩旗滿洲協領科普通武呈，據正黃旗滿洲佐領安祥等呈稱，道光六年正月二十二日，奉左司傳抄，准刑部咨，督捕司案呈：查道光五年四月內，據管理廂黃旗滿洲都統英等條奏懲勸旗人一摺，內稱：嗣後旗人初次逃走，或實由病迷，仍准挑差，如逾限一月後，無論投回、拿獲及二次逃走者，均即行銷檔。等因。奏准通行在案。茲據各該處咨部請示，本部逐加查核酌議，逃走，舊例並無限期銷檔，是以永遠緝拿。今即奏准章程，定限一月後，無論

---

① 寧夏將軍格：據《清實錄》卷三五一"道光九年三月丙午"條載，係指寧夏將軍格布舍。

投回、拿獲,均行銷檔,則章程以前所有在京並各省駐防一切逃人,無論次數,若在奏定章程一月內投回、拿獲者,俱免其銷檔外,如在一月後,應照新定章程,毋庸緝拿,即行銷除旗檔。等因。傳抄在案。

　　查職佐領下閑散阿達布于道光九年四月十九日初次逃走,當即呈明咨報在案。今該逃兵阿達布年四十一歲,係京城正黃旗滿洲固山沙海佐領下人,並無妻室。自逃走之日起,逾限一月以外,尚未投回被獲,自應遵奉新定章程,毋庸緝拿,即行銷除旗檔。理合呈請,轉呈辦理。等情。到職。據此覆查無異,相應呈明核辦。等因。轉呈批發到司。

　　蒙此,查閑散阿達布逃走之時,前已咨報兵、刑部,並通行查拿在案。今核阿達布自道光九年四月十九逃走之日起,限已逾一月以外,理合據該旗所呈,將旗逃阿達布遵照新例銷除旗檔之處,相應呈請,咨報部、旗查照銷檔。等情。據此,除咨報兵部、刑部、户部、正黃旗滿洲都統銷除旗檔外,相應咨明。為此合咨大部、貴旗,請煩查照銷檔施行。

　　右咨兵部、刑部、户部、正黃旗滿洲都統。

　　道光九年五月□日。

存字九號

　　鎮守寧夏將軍昇、副都統伊為行支錢糧事。

　　右司案呈：案照八旗官兵應支俸餉米石並馬匹料草等項,按月支領。今查道光九年六月分,八旗額設官七十九員,內除欠缺驍騎校一員、九品筆帖式一員俸餉米草豆折不支外,實在行支錢糧官七十七員,原設兵三千四百七十二名。倉石俸粟米二千四百三十二石五斗六升二合五勺,合京石米三千四百七十五石八升九合三勺。倉石料一千八百三十六石五斗五升,合京石料二千六百二十三石六斗四升二合八勺。實支銀一萬二千三百七十四兩一錢。理合開列粘單,呈請照數行支。等情。據此,擬合照知。為此照會該道,即轉飭照數支給可也。

　　右照會寧夏道。

　　道光九年五月□日。

存字十號

　　鎮守寧夏將軍昇、副都統伊爲行支周年半餉孀婦錢糧事。[25]

　　右司案呈：案照八旗官兵寡婦每月應支俸餉米石銀兩，按月支領。今查道光九年六月分，共有寡婦九十五口。以上通共應支銀八十九兩八錢七分五厘。倉石俸粟米二十一石六斗八升七合五勺，合京石米三十石九斗八升二合一勺。理合開列粘單，[26]呈請照數行支。等情。據此，[27]擬合照知。爲此照會該道，即轉飭照數支給可也。

　　右照會寧夏道。

　　道光九年五月□日。

存字十一號

　　鎮守寧夏將軍格、副都統伊爲支給告退甲兵養贍銀兩事。

　　右司案：案照嘉慶十五年十二月十八日，准兵部咨，准寧夏將軍咨開：因殘疾解退之正黃旗甲兵七十九等曾經……①今查九年六月分，甲兵一百二十九名，每名給銀一兩，共銀一百二十九兩。呈請照數支給以資贍。等情。據此，擬合照知。爲此照會該道，即轉飭照數支給可也。

　　右照會寧夏道。

　　道光九年五月□日。

存字十二號

　　鎮守寧夏將軍格、副都統伊爲支領利銀事。

---

　　① 此處句意不完整。據"甘字七號"，"曾經"二字後疑有脫文。

右司案呈：今查道光九年四月分，應領利銀二百兩業已支領外，所有五月初一日起，至月底止，應領利銀二百兩，呈請飭知寧夏府隨餉支領，以資養贍。等情。據此，擬合飭知。爲此仰府官吏查照支給可也。

　　右仰寧夏府准此。

　　道光九年五月□日。[28]

以字一號①

　　鎮守寧夏將軍格、副都統伊爲咨報事。

　　右司案：准左司移付，據廂黄、正白兩旗滿洲協領扎……多倫布等呈稱，職佐領下步甲佟鐘……五月二十日，并無携帶軍器，初次逃……同知查拿外，查步甲佟鐘有無長……查辦。等情。隨傳據該旗協佐領……走，并無長支錢糧。等情。呈報到……户部查照。等情。據此，相應移咨……大部，請煩查照施行。

　　右咨户部。

　　道光九年六月□日。

以字二號②

　　鎮守寧夏將軍格、副都統伊爲咨明……

　　前任將軍昇遵奉諭旨："調補成都，將俟新任將軍到任交……欽此欽遵。在案。"今查將軍昇于本年五月二十六日……夏任，所應支本年春季俸銀九……年七月底止，業已領過之處，理合呈請，咨明成都將軍查照。等情。據此，相應移咨。爲此合咨貴將軍，請煩查照施行。

　　右咨成都將軍。

　　道光九年六月□日。

---

　　①　"以字一號"部分內容缺，詳參"以字五號"。
　　②　"以字二號"部分內容缺，詳參"存字六號""存字七號"。

以字三號

鎮守寧夏將軍格、副都統伊爲行取衙役工食銀兩事。

右司案呈：案照將軍衙門暨副都統衙門額設各項衙役工食銀兩，俱按二次行取。除本年春夏二季衙役工食銀兩業已行取在案，所有秋冬二季將軍衙門應領衙役工食銀三百四十四兩，副都統衙門應領衙役工食銀九十兩，呈請一併行取。等情。據此，擬合照知。爲此照會該道，即轉飭照數批解可也。

右照會寧夏道。[29]

道光九年六月□日。

以字四號

鎮守寧夏將軍格、副都統伊爲行取養廉銀兩事。

右司案呈：案照將軍一歲應支養廉銀一千五百兩，副都統一歲應支養廉銀七百兩。按四季行取，除本年夏季分養廉銀兩業已行取在案，所有秋季分，將軍應領養廉三百七十五兩，副都統應領養廉一百七十五兩，呈請行取。等情。據此，擬合照知。爲此照會該道，即轉飭照數批解可也。

右照會寧夏道。

道光九年六月□日。

以字五號

鎮守寧夏將軍格、副都統伊爲咨明銷除旗檔事。

左右司案呈：據廂黃、正白兩旗滿洲協領扎隆阿呈，據正白旗滿洲佐領多倫佈等呈稱，道光六年正月二十二日，奉左司傳抄，准刑部咨，督捕司案呈：查道光五年四月內，據管理廂黃旗滿洲都統英等條奏懲勸旗人一摺，內稱：嗣後旗人初次逃走，或實由病迷，仍准挑差。如逾限一月後，無論投回、拿獲，即二次逃走者，均即行銷檔。等因。

奏准通行在案。兹據各該處咨部請示，本部逐加查核酌議，逃走，舊例並無限期銷檔，是以永遠緝拿。今即奏准章程，定限一月後，無論投回、拿獲，均行銷檔，則章程以前所有在京並各省駐防一切逃人，無論次數，若在奏定章程一月內，投回、拿獲者俱免其銷檔外，如在一月以後，應照新定章程，無庸緝拿，即行銷除旗檔。等因。在傳在案。

查職佐領下步甲佟鐘于道光九年五月二十日初次逃走，當即呈明咨報在案。今該逃兵佟鐘年三十五歲，係京城正白旗滿洲固山景和佐領下人，並無妻室。自逃走之日起，逾限一月以外，尚未投回、被獲，自應遵奉新定章程，毋庸緝拿，即行銷除旗檔。理合呈請，轉呈辦理。等情。到職。據此，覆查無異，相應呈明核辦。等因。轉呈批發到司。

蒙此，查步甲佟鐘逃走之時，前已咨報兵、刑部，並通行查拿在案。今核佟鐘自道光九年五月二十逃走之日起，限已逾一月以外，理合據該旗所呈，將旗逃佟鐘遵照辦例銷除旗檔之處，[30]相應呈明咨報部、旗查照銷檔。等情。據此，除咨報兵部、刑部、戶部、正白旗滿洲都統銷除旗檔外，相應咨明。爲此合咨大部、貴旗，請煩查照銷檔施行。

右咨兵部、刑部、戶部、正白旗滿洲都統。
道光九年六月□日。[31]

以字六號

鎮守寧夏將軍格、副都統伊爲咨報事。

右司案呈：據正黃、正紅兩旗滿洲協領科普通武呈，據正黃旗滿洲佐領塔隆阿等呈稱，查嘉慶二十二年六月初六日，奉右司傳抄，准陝甘總督咨，准戶部具奏，內開：一，各直省文武舉人赴京會試，例內均給盤費銀兩，至駐防文武舉人，向無例給盤費，未免向隅。伏思駐防旗人既蒙恩旨，准其應試，所有駐防會試文武舉人，自應仿照各省民籍文武舉人之例，各照本省例給之數，給與盤費，以示體恤，以昭畫一。等因。隨行據寧夏道呈覆，民籍文武舉人赴京會試，每名應給盤費銀五兩五錢二分四厘，在于縣庫應懲地丁起運銀內支給。今駐防文武舉人赴京會試，事同一例，自應照民籍文武舉人赴京會試，每名給發銀五兩五錢二分四厘，在于應徵地丁起運銀內支給。等情。歷年遵辦在案。

今查由厢藍旗滿洲撥給正黃旗會試武舉富倫佈，茲屆赴京會試之期，所有應給盤費，自應照民籍文武舉人會試之例，給盤費銀五兩五錢二分四厘，在于縣庫應徵地丁起運銀內照數支給，並將由厢藍旗滿洲撥給。正黃旗滿洲塔隆阿佐領下富倫佈，由馬甲，于道光八年戊子科鄉試中式，第十一名武舉，現年二十五歲，係京城厢藍旗滿州固山六十四佐領下人那拉氏。等情。轉呈到司。既據該協佐領等呈請，照依前例，領給赴京會試武舉富倫佈應給盤費銀五兩五錢二分四厘，照數支給之處，查與前例相符，理合呈請，照知寧夏道轉飭照數支給外，並祈咨明戶部、陝甘總督查照。等情。據此，除分咨外，相應移咨。為此合咨大部、貴督部堂，請煩查照希祈轉飭甘藩司知照。施行。

右咨戶部、陝甘總督部堂。等情。據此，除分咨外擬合照知。為此照會該道，即轉飭照數支給可也。

右照會寧夏道。

道光九年六月□日。

以字七號

鎮守寧夏將軍格、副都統伊為照覆事。

右司案呈：案查前據甘肅報銷登覆所咨呈，准寧夏鎮移據署標下中軍游擊方一彪呈稱，遵查奉文代製軍營截留滿營夾帳房等項，自應遵照造估，曷敢違謬。但查綠營歷次製造軍物，向係照依部示造估，所領帑項，照時價購料。尚不敷，營中無項墊辦，職等節經苦賠，以符定額。況綠營製辦單帳房一頂，例價銀五兩六錢六分零，按時價製單帳房一頂，需銀六兩六錢二分五厘，每頂不敷銀九錢六分五厘。

樑柱一副需銀四錢七分五厘，每副不敷銀七分三厘。今奉代製白布夾帳一頂，照依部例核算，價銀一十一兩二錢，需按時估價直，每項需銀一十三兩一錢五分，需不敷銀一兩九錢。需共帳房一百頂副，該不敷銀一百餘兩。職等再四籌思，實在無項添製。是以不揣冒昧，仰懇俯念營艱，據情轉咨報銷局，將前項辦央帳房由營造估，仍將滿營自行製造，與公有裨。相應具文呈報，伏祈憲臺俯照轉咨施行。等情。到本鎮。據此，相應據情咨移。為此合移，請煩查照，見覆飭遵施行。等因。到所。

准此，查此案寧夏滿營應製截留吐魯番未經帶回白布夾帳一百頂副，前因送到冊內所需工料具籠一總開造，又未應例裝敘工程做法，碍難率轉請題。當經移明寧夏鎮轉飭，代為製造，交給還額，仍令歸于綠營撥缺帳房畫一，照例另造估冊，移辦在案。茲既稱照依部示例價，由營造估，仍令滿營自行製造前來，應如所咨辦理，以昭公允。除移寧夏鎮查照飭造外，擬合咨明。為此合咨，呈貴將軍，煩照來咨事理，祈即轉飭遵照，俟前項帳房估冊由鎮造報請題後，仍由滿營請領銀兩，自行製造，收額施行。等情。據此，查製造前項撥缺帳房，應造工料估冊，前已照依來咨呈請，咨明寧夏鎮飭令照例造具工程做法估冊，逕送甘肅報銷登覆所核辦請題外，並請照知甘肅報銷登覆所查照在案，迄今未見咨覆。合再呈請，照知甘肅報銷登覆所，祈將前項撥缺帳房由寧夏鎮如何造報之處，示覆前來，以便領銀製造。等情。據此，擬合照知。為此照會貴所請煩查照見覆，以便照辦可也。

右照會甘肅報銷登覆所。

道光九年六月□日。

以字八號

鎮守寧夏將軍格、副都統伊為照覆事。

右司案呈：據甘肅報銷登覆所咨呈，查此次喀什噶爾軍需案內撥派寧夏、涼州、莊浪各滿營解送肅州備撥帳房各物，前因未經撥用，當經移明,仍由各原營差弁赴肅領取,回營收庫在案。茲值造銷運腳之期,除涼、莊滿營需用車輛腳價、弁兵盤費銀兩係由沿途支用,現在查核造銷外,所有寧夏滿營差弁領取前項帳房,在于肅局借領車價、盤腳銀兩,雖已請扣還款,究應作何開銷,迄今未准咨覆。擬合咨查。爲此合咨,呈貴將軍,煩照來咨呈事理,祈即轉飭將前項差弁赴肅領取帳房需用車價、盤腳由營請扣借墊銀兩,速即查明作何開銷緣由,趕造妥確清冊,飛文見覆,以便核辦施行。等因。

准此,案查,前項差員赴肅領取鍋帳時,在肅日久,無車撥給,乃由肅局借領車價、盤腳銀一千兩,自雇車輛,裝運回營。至沿途腳價盤費銀兩,該差等亦未按站支領,後經肅局催令還款,是以本營暫行措項墊還,迄今尚自虛懸,亦未達部。惟此項借支車腳、盤費銀若由本營造報請銷,恐與該所原辦不符。徒擬無當,正在備文咨詢間,今准來咨,行令查明作何開銷,造報見覆,以便核辦。等語。查涼、莊滿營所需車輛腳價、弁兵盤費銀兩,以及弁兵盤費並未支領,寧夏、[32]涼州、莊浪三滿營領取鍋帳,事同一體,彼處將來作何造銷,本營亦可仿照辦理之處,理合呈請,照知甘肅報銷登覆所查照,核辦見覆,以便照辦。等情。據此,擬合照知。爲此照會貴所,查照來文,可否仿照涼、莊辦理之處即爲見覆可也。

右照會甘肅報銷登覆所。

道光九年六月□日。

以字九號

鎮守寧夏將軍格、副都統伊爲行支錢糧事。

右司案呈:案照八旗官兵應支俸餉米石並馬匹料草等項,按月支領。今查道光九年七月分,八旗額設官七十九員,內除欠缺佐領一員俸餉米草豆折不支外,實在行支錢糧官七十八員,原設兵三千四百七十二名。實支銀一萬二千一百一十五兩一錢二分九厘。倉石俸粟米二千三百四十八石斗四升三合八勺,合京石米三千三百五十五石六斗二升六合。倉石料一千七百七十五石四升一合七勺,合京石米二千四百三十五石七斗七升三合八勺。理合開列粘單,呈請照數行支。等情。據此,擬合照知。爲此照會該道,即轉飭照數支給可也。

右照會寧夏道。[33]

道光九年六月□日。

以字十號

鎮守寧夏將軍格、副都統伊爲行支周年半餉孀婦錢糧事。

右司案呈:案照八旗官兵寡婦每月應支俸餉米石銀兩,按月支領。今查道光九年七月分,共有寡婦五十六口以上。通共應支銀八十七兩六分二厘。倉石俸粟米二十一石五斗三升一合二勺,合京石米三十石七斗五升八合八勺。理合開列粘單,呈請照數行支。等情。據此,擬合照知。爲此照會該道,即轉飭照數支給可也。

右照會寧夏道。

道光九年六月□日。

以字十一號

鎮守寧夏將軍格、副都統伊爲行解鉛葯等項事。

右司案呈:據管理火器營事務協領多扎等呈稱,今歲秋季操演鳥鎗應需火葯一千二百九十一斤三兩二錢,烘葯八十五斤十二兩七錢二分,三成鉛丸二百四十四斤十二兩八錢。又,本年本季操演炮位需用火葯一百八十五斤十兩,烘葯二斤三兩五錢五分,十成鉛子一百五十七斤八兩,鉄子一百六斤十四兩。以上操演鳥鎗、炮位共應需火葯一千四百七十六斤十三兩二錢,烘葯八十八斤二兩,需火葯一千六百斤。呈請一併行解。等情。轉呈到司,理合呈請,照知寧夏道轉飭批解。等情。據此,擬合照知。爲此照會該道,即轉飭批解,以應操演,勿任遲緩可也。

右照會寧夏道。

道光九年六月□日。

以字十二號

鎮守寧夏將軍格、副都統伊爲支給告退甲兵養贍銀兩事。

右司案呈：案照嘉慶十年十二月十八日，准兵部咨，准寧夏將軍咨開：因殘疾解退之正黃旗甲兵七十九等，今查道光九年七月分，現有甲兵一百二十九名，每名給銀一兩，共銀一百二十九兩。呈請照數支給，以資養贍。等情。據此，擬合照知。爲此照會該道，即轉飭照數支給可也。

右照會寧夏道。

道光九年六月□日。

以字十三號

鎮守寧夏將軍格、副都統伊爲支領生息銀兩事。

右司案呈：查前項府歲應領銀二千兩，應照該府所請按季支領，每季領五百兩。今查道光九年春季分，應領生息銀五百兩業已支領外，所有道光九年四月初一日起，至六月已，至夏季底止，應領生息銀五百兩。呈請飭知寧夏府隨餉支領前來，以便需用。等情。據此，擬合飭知。爲此仰府官吏查照，如數支給可也。

右仰寧夏府准此。

道光九年六月□日。

以字十四號

鎮守寧夏將軍格、副都統伊爲支領利銀事。

右司案呈：今查道光九年五月分，應領利銀二百兩業已支領外，所有六月初一日起，至月底止，應領利銀二百兩，呈請飭知寧夏府隨餉支領，以資養贍。等情。據此，擬合飭知。爲此仰府官吏查照支給可也。

右仰寧夏府准此。

道光九年六月□日。

甘字一號

鎮守寧夏等處地方將軍格、副都統伊爲造送事。

右司案呈：准署甘肅布政司咨呈案查，前准報銷局咨覆，准貴將軍咨稱，出征官兵乘騎馬匹，沿途支過料草現無確數，兵行促迫，尚有不及支領自行買喂者，所有應扣缺曠料草礙難扣繳。俟沿途各處將支過料草計日核明確數，彙報到營之日，再爲查扣找繳。等因。茲查甘省各屬供支進征官兵馬匹糧料草束，業經列案請題在案。所有貴滿營進征官兵乘騎馬匹應扣缺曠料草，應已定有確數，擬合咨催。爲此合咨，呈貴將軍，煩照來咨呈事理，祈將前項出征官兵于何月日乘騎馬若干，應扣缺曠料草若干，逐一查明，分晰赶造妥確册籍，備文送司，以憑核辦施行。等因。

准此，隨傳據八旗協佐領等册報，查奉派吐魯番堵禦官兵，自道光六年八月初二初三離營之日起，至道光七年二月初十、十三回營之前一日止，官二十七員，兵五百名，每員名騎馬一匹，共馬五百二十七匹，共應扣缺曠七斤草一十四萬八千六百七十二束，每束照部價折銀一分，共銀一千四百八十六兩七錢二分。倉石料三千二百八十七石七斗四升九合四勺，照部價每石折銀一兩，共銀三千二百八十七兩七錢四分九厘。二項共應扣缺曠料草折色銀四千七百七十四兩四錢六分九厘。既據各協佐領等造册呈報前來，理合彙造總册，呈請照送甘肅布政司查照辦理施行。等情。據此，擬合照知。爲此照會貴司查照核辦可也。

計送册一本。

右照會甘肅布政司。

道光九年七月初五日。

甘字二號

鎮守寧夏將軍格、副都統伊爲咨明事。

右司案呈：道光九年六月初三日，准戶部來咨，內開：查例載，在京旗員于春秋二季關俸後補放外省文武職官，戶部將該員在京支過半年俸銀行知該省，令將任所應支之俸于下季起支。等語。所有正白旗蒙古都統兼騎都尉又一雲騎尉格既于本年三月十二日補放寧夏將軍，其在京俸銀業已領至七月底止之處，相應移咨。等因。准此，查將軍格既在京支過春季俸銀業已領至九年七月底止，其任所應支之俸，俟于秋季關支。

再，查前任將軍昇遵奉諭旨，調補成都將軍，于本年五月二十六日起程前赴新任訖。所有在寧夏任所應支本年春季俸銀九十兩，自二月初一日起領，至道光九年七月底止之處，除呈咨報戶部照知甘肅布政司寧夏道查照。等情。據此，除分咨外，相應咨明。爲此合咨大部，請煩查照施行。須至咨者。

右咨戶部。等情。據此，除分咨外，擬合照知。爲此照會該司道查照可也。須至照會者。

右照會甘肅布政司。

寧夏道。

道光九年七月□日。[34]

甘字三號

鎮守寧夏將軍格、副都統伊爲咨報事。

右司案呈：准左司移付據廂黃、正白兩旗滿洲協領扎隆阿呈，據廂黃旗滿洲佐領哈豐阿等呈稱，由正紅旗滿洲撥給職佐領下馬甲何楞布，年三十六歲，于道光九年七月初三日並無携帶軍器，初次逃走，理合報明。等情。除移理事同知查拿外，查馬甲何楞布有無長支錢糧之處，相應移付右司查辦。等情。隨傳據該旗協佐領等呈稱，查馬甲何楞布初次逃走,並無長支錢糧。等情。呈報到司,理合呈請,咨明户部查照。等情。據此,相應移咨。爲此合咨大部,請煩查照施行。須至咨者。

右咨户部。

道光九年七月十三日行。

甘字四號

鎮守寧夏將軍格、副都統伊爲照送事。

右司案呈:據署寧夏鎮咨呈,准甘肅報銷登覆所咨開:令將寧夏滿營應製截留吐魯番未經帶回白布夾帳房一百頂副仍令滿營自行製造,由綠營造具估册,送所核辦。等因。准此,當即檄行標下中軍趕造具報去後。兹據標下中軍游擊巴克新布呈報,遵將轉奉辦理甘肅報銷登覆所來咨,准其由綠營造估,仍令滿營自行請帑補製,以昭公允。等因。卑職照依部示例價,造具細數工料估册,理合具文呈報。伏乞憲臺俯照轉咨施行。等情。據此,今將原呈印册一本相應咨呈,伏乞貴將軍請煩查照施行。等因。准此,理合將原册一本呈請照送甘肅報銷登覆所查照辦理,並祈將估需工料銀一千一百六十二兩七錢五厘照數飭發寧夏府,以便支領,以資補製,實爲公便。等情。據此,擬合照知。爲此照會貴所,即爲見覆可也。

計送册一本。

右照會甘肅報銷登覆所。

道光九年七月十三日行。

甘字五號

鎮守寧夏將軍格、副都統伊爲支領俸銀事。

右司案呈:案照八旗官員應支俸銀,除驍騎校俸銀按月隨同兵餉支領外,所有將軍以下及筆帖式等官俸銀于春秋二八月行支。今查道光九年秋季八月分,八旗行支俸銀官六十三員,内將軍以下及筆帖式等官應支銀二千六百一十七兩九錢三分二厘，內除協領等官扣還修署銀五百九十七兩五錢，欠缺佐領一員未扣修署銀一十二兩五錢，俟補缺人員到任再爲補扣，實扣還修署銀五百八十五兩外，實支銀二千零三十二兩九錢三分二厘。理合開列粘單，呈請照數支給。等情。據此，擬合照知。爲此照會該道，即轉飭照數支給可也。須至照會者。

　　右照會寧夏道。

　　道光九年七月□日。

甘字六號

　　鎮守寧夏將軍格、副都統伊爲行支錢糧事。

　　右司案呈：案照八旗官兵應支俸餉米石并馬匹料草等項，按月支領。今查道光九年八月分，八旗額設官七十九員，內除欠缺佐領一員米草豆折不支外，實在行支錢糧官七十八員，內將軍以下官兵通共應支銀一萬四千二百九兩六錢五分。內除驍騎校扣還銀三十兩，又有新升驍騎校薩炳阿補還五月分欠缺未扣銀一兩二錢五分，二共扣銀三十一兩二錢五分。兵丁扣還銀六百六十八兩，扣還接濟銀一千一百三十四兩四錢。以上三項，共坐扣銀一千八百三十三兩六錢五分外，實支銀一萬二千三百七十六兩。倉石俸粟米二千四百三十石五斗六升二合五勺，合京石米三千四百七十二石二斗三升二合一勺。倉石料一千八百三十六石二斗五升，合京石料二千六百二十三石二斗一升四合二勺。理合開列粘單，呈請照數行支。等情。據此，擬合照知。爲此照會該道，即轉飭照數支給可也。

　　右照會寧夏道。

　　道光九年七月□日。

甘字七號

　　鎮守寧夏將軍格、副都統伊爲支給告退甲兵養贍銀兩事。

右司案呈：嘉慶十五年十二月十八日，准兵部咨，准寧夏將軍咨開：因殘疾解退之正黃旗甲兵七十九等曾經出兵打仗，得有功牌，年在五十以上，應照例准其每月給銀一兩，以養餘年。等因。于嘉慶十五年十一月初六日題，初八日奉旨："依議。欽此。"相應行文該將軍可也。等因。移咨前來，節經遵辦在案。二月分，現有甲兵一百五十四名，每名給銀一兩，共銀一百五十四兩。呈請照數支給，以資養贍。等情。據此，擬合照知。爲此照會該道，即轉飭照數支給可也。

　　右照會寧夏道。

　　道光九年七月二十七日行。

甘字八號

　　鎮守寧夏將軍格、副都統伊爲行支周年半餉孀婦錢糧事。

　　右司案呈：案照八旗官兵寡婦每月應支俸餉米石銀兩，按月支領。今查道光九年八月分，現有寡婦六十口，内通共應支銀一百七十八兩六錢八分七厘。倉石俸粟米二十三石九升三合七勺，合京石米三十二石九斗九升一合。理合開列粘單，呈請照數行支。等情。據此，擬合照知。爲此照會該道，即轉飭照數支給可也。

　　右照會寧夏道。

　　道光九年七月□日。

甘字九號

　　鎮守寧夏將軍格、副都統伊爲支領利銀事。

　　右司案呈：案照本營奏准，在于庫貯馬價銀兩並節年積存銀内，動用銀二萬兩，交陝甘總督飭令地方官分給商民，每月一分起息，一歲合得利銀二千四百兩，以二千兩作爲養贍。擇其實在人口衆多之閑散弓馬嫻熟者，每名給銀五錢，計算可以養贍三百三十餘名，尚剩銀四百餘兩，按年歸還馬價款，内約需三十餘年可以還完。其交商生息之銀二萬兩，即作爲永遠養贍之項。等因。遵奉在案。今查道光九年七月分，應領利銀二百兩，呈請飭知寧夏府隨餉支領，以資養贍。等情。據此，擬合飭知。爲此仰府官吏查照支給可也。

右牌仰寧夏府准此。

道光九年七月□日。

甘字十號

鎮守寧夏將軍格、副都統伊：爲預領紅白恤賞銀兩事。

右司案呈：乾隆五十四年十一月初八日，准陝甘總督部堂勒咨，據甘肅布政司詳稱，寧夏滿營應需紅白銀兩，與綠營事同一例。既因歷年用剩銀兩已飭交寧夏府屬，轉交五州縣給商生息，其每季應需恤賞兵丁紅白銀兩無項墊動，自應請照綠營預借之例，于每年季首由寧夏府出具印領赴司借支，以備賞恤，俟季底查明賞過確數，造具册領，銷還原借。緣蒙飭議，除飭會寧夏府出具印領，驗掛發司，給發備賞外，所有辦理緣由，相應詳請咨覆寧夏將軍知照。等因。前來，照辦在案。

兹查道光九年夏季分，八旗官兵共出紅白事一百零五件，共賞使過銀七百七十八兩。據管理通益庫事務協領阿璽達造冊前來，理合呈請，飭發查辦。再，查夏季原領銀七百兩，除儘數使過外，尚不敷墊使銀七十八兩，又領秋季備賞銀七百兩，呈請飭知寧夏府一併照數領給。等情。據此，擬合飭知。爲此仰府官吏查照支給可也。

計發册一本。

右仰寧夏府准此。

道光九年七月□日。

甘字十一號

鎮守寧夏將軍格、副都統伊爲咨明修理城垣事。

右司案呈：案查寧夏滿營駐防百有餘年，城垣周圍，內外上下，崩裂倒壞，處所過多。前于嘉慶九年間，行知地方官隨時修補，暨節次照知甘肅布政司寧夏道查辦在案。嗣後延至十數餘載，未見興修。是以復于嘉慶二十年及二十二等年呈請，咨明前任陝甘總督部堂和先，飭催地方官速即查勘興修去後，均經咨覆，內開：查前項城垣既已坍塌過甚，現已飭行寧夏道委員查勘詳稱，城垣坍塌倒壞共計一百八十餘處，約需修費銀一十四萬九千五百餘兩。但雖經查明寧夏滿城年久坍塌，應行修築，奈估需銀數過多，現在經費支絀，應請稍緩，俟經費充裕，再爲勘估興修。等語。嗣于嘉慶二十四年及道光三年屢經咨催修理，俱各在案。迄今又歷數載，雨水淋衝，坍塌更甚，以致城垣內外上下崩裂傾圮處過多。向之三五尺者今至數十尺，向之一二丈者今至十數丈。

惟查寧夏乃邊疆重地，操防巡守，尤爲緊要。況城垣係地方保障所關，實非輕淺，若不即行修補，再遇雨水連綿，倒壞靡所底止，興修更費周章。現在城上巡防兵丁委難行走，不但于觀瞻有礙，實于鎮守操防大有攸關。刻下情形，再難稍緩。理合呈請，咨明陝甘總督部堂，查照前情，飭令查辦興修，以固城垣，以重邊疆。等情。據此，相應移咨。爲此合咨貴督部堂，請煩查照，希祈飭令藩司及地方官員即行籌酌查辦興修，實于城垣、防守均爲有益，並祈見覆施行。

右咨陝甘總督部堂。

道光九年七月□日。

棠字一號

鎮守寧夏將軍格、副都統伊爲照送事。

左右司案呈：本年七月二十二日，據辦理甘肅報銷登覆所咨呈案查，甘省滿漢各營出征官兵乘騎並調解軍營缺額馬匹，前經請定事例，除孳生廠馬撥補外，發給例價，交各營酌買十分之六七，俟軍務告竣撤回，馬匹歸營之日，報部核辦。等因。前次均經發價買補十分之七，造報請銷在案。其未買三分馬匹，自應查明撤回馬若干匹，照數迭除。尚不敷騎缺、調缺馬若干匹，各原營或有孳生，並分領口外甘州廠馬可以撥補者，盡數補額。如實在無馬撥補，必須領價采買，先行照依請定事例，造册送所，以便核明詳請，咨部辦理，合亟咨查。爲此合咨，呈貴將軍，請照來咨呈事理，祈即轉飭各營，將未買三分馬匹查明凱撤官兵騎回並孳生及分領廠馬照數撥補，實在應須領價采買騎缺、調缺馬若干匹，造具清册，五轉飛文送所，以憑核辦施行。等因。

准此，案查前于道光八年十二月内，據寧夏府申稱，奉藩憲飭發寧夏滿營調解軍營買補十分之七馬四百一十四匹，每匹價銀八兩，共銀三千三百一十二兩。内除司扣餘平銀三十三兩一錢二分，實應領銀三千二百七十八兩八錢七分，業經領回，現貯府庫，申請照數支領。等情。隨即委員赴府兌領前來，散給各兵丁等查收訖。並將收到銀兩數目、日期咨報兵、户部、陝甘總督，照會甘肅報銷局、寧夏道查照在案。兹據該所咨呈，祈即轉飭，將未買三分馬匹查明實在、應須領價銀采買騎缺調缺、馬若干匹，造具清册，五轉飛文送所，以憑核辦。等因。前來。當即轉傳八旗協佐領等查核去後。

旋據該協佐領等册報，查前項交收馬五百九十一匹，此項馬匹俱係兵丁自行備價，即時買補足額，内除前由府庫領過十分之七馬四百一十四匹，每匹價銀八兩，共銀三千三百一十二兩，内除司扣平餘銀三十三兩一錢二分，實應領銀三千二百七十八兩八錢八分，均已照數散給各兵丁外，其餘未領三分馬一百七十七匹，每匹價銀八兩，共銀一千四百一十六兩，造册呈報前來。並祈彙造總册，照送甘肅報銷登覆所查照辦理。其應領馬價亦即仍照前案，飭發夏府照數支領，以便散給各兵外，查道光六年間，本營奉調派往堵禦官兵騎馱馬匹，沿途間有倒斃者，俱係該兵丁隨時自行備價買補騎回到營，現在並無騎缺。再，本營亦無孳生，亦分領過口外甘州廠馬之處，合併聲明。等情。據此，擬合照知。爲此照會貴所查照辦理，見覆可也。

計送册五本。

右照會甘肅報銷登覆所。

道光九年八月十一日行。

棠字二號

鎮守寧夏將軍格、副都統伊爲咨明銷除旗檔事。

左右司案呈據厢黄、正白兩旗滿洲協領扎隆阿呈，據厢黄旗滿洲佐領哈豐阿等呈稱，道光六年正月二十二日，奉左司傳抄，准刑部咨，督捕司案呈：查道光五年四月内，據管理厢黄旗滿洲都統英等條奏懲勸旗人一摺，内稱：嗣後旗人初次逃走，或實由病迷，仍准挑差，如逾限一月後，無論投回、拿獲及二次逃走者，均即行銷除旗檔。等因。奏准通行在案。

兹據各該處咨部請示，本部逐加查核酌議，逃走，舊例並無限期銷檔，是以永遠緝拿。今既奏准章程，定限一月後，無論投回、拿獲，均行銷檔，則章程以前所有在京並各省駐防一切逃人，無論次數，若在奏定章程一月内投回、拿獲者，俱免其銷檔外，如在一月以後，應照新定章程，毋庸緝拿，即行銷除旗檔。等因。傳抄在案。查由正紅旗滿洲扎隆阿佐領下馬甲何楞布于道光九年七月初三日初次逃走，當即呈明咨報在案。今該逃兵何楞布年三十六歲，係京城正紅旗滿洲固山文壽佐領下人，自逃走之日起，逾限一月以外，尚未投回、被獲，自應遵奉新定章程，毋庸緝拿，即行銷除旗檔。

再，查何楞布有妻一口依爾根覺羅氏，現在侍奉翁姑，入于翁姑家口檔内，理合呈請，轉呈辦理。等情。到職。據此，覆查無異，相應呈明核辦。等因。轉呈批發到司。

蒙此，查馬甲何楞布逃走之時，前已咨報兵、刑部，並通行查拿在案。今核何楞布自道光九年七月初三逃走之日起，限已逾一月以外，理合據該旗所呈，將旗逃何楞布遵照新例銷除旗檔之處，相應呈請咨報部、旗查照銷檔。等情。據此，除咨報兵、刑、户部，厢黄、正紅旗滿洲都統銷除旗檔外，相應咨明。爲此合咨大部、貴旗，請煩查照銷檔施行。

右咨兵部、刑部、户部、厢黄旗滿洲都統、正紅旗滿洲都統。

道光九年八月□日。

棠字三號

鎮守寧夏將軍格、副都統伊爲行支錢糧事。

右司案呈：照八旗官兵應支俸餉米石並馬匹料草等項，按月支領。今查道光九年九月分，八旗額設官七十九員，内除欠缺佐領一員俸餉米草豆折不支外，實在行支錢糧官七十八員。内將軍以下及兵丁通共應支銀一萬四千二百九兩六錢五分，内除扣還修署房間接濟銀一千八百三十三兩六錢五分外，實支銀一萬二千三百七十六兩。倉石俸粟米二千四百三十石五斗六升二合五勺，合京石米三千四百七十二石二斗五升二合一勺。倉石料一千八百三十六石二斗五升，合京石料二千六百二十三石二斗一升四合二勺。理合開列粘單，呈請照數行支。等情。據此，擬合照知。爲此照會該道，即轉飭照數支給可也。

右照會寧夏道。

道光九年八月□日。

棠字四號

鎮守寧夏將軍格、副都統伊爲行支周年半餉孀婦錢糧事。

右司案呈：案照八旗官兵寡婦每月應支俸餉米石銀兩，按月支領。今查道光九年九月分，現有寡婦五十六口。通共應支銀八十六兩二錢五分。倉石俸粟米二十一石一斗二升五合，合京石米三十石一斗七升八合五勺。理合開列粘單，呈請照數行支。等情。據此，擬合照知。爲此照會該道，即轉飭照數支給可也。

右照會寧夏道。

道光九年八月□日。

棠字五號

鎮守寧夏將軍格、副都統伊爲支領利銀事。

右司案呈：案照本營奏准，在于庫貯馬價銀兩並節年積存銀内，動用銀二萬兩，交陝甘總督飭令地方官分給商民，每月一分起息，一歲合得利銀二千四百兩，作爲養贍之項。等因。遵奉在案。今查道光九年八月分，應領利錢二百兩，呈請照數支給以養贍。等情。據此，擬合飭知。爲此仰府官吏查照支給可也。

右仰寧夏府准此。

道光九年八月二十七日行。

棠字六號[35]

鎮守寧夏將軍格、副都統伊爲支給告退甲兵養贍銀兩事。

右司案呈：案查九月分，現有甲兵一百二十六名，每名給銀一兩，共銀一百二十六兩。呈請照數支給，以資養贍。等情。據此，擬合照知。爲此照會該道，即轉飭照數支給可也。

右照會寧夏道。

道光九年八月二十九日行。

棠字七號

鎮守寧夏將軍格、副都統伊爲造送事。

右司案呈：據奉派肅州領取鍋帳佐領圖克唐阿等呈稱，奉右司傳抄，准甘肅報銷登覆所咨呈，內開：查寧夏滿洲營差員前赴肅州領取未用原撥鍋帳，在肅州借墊應需脚價、盤費銀兩，既稱尚在虛懸，並未在于沿途按站支領，自應將差派官兵銜姓、名數及領取鍋帳斤重數目，並自本營起至肅州止共計程站若干，需用盤費若干，又自肅州起至本營止共需脚價若干、盤費若干，備細造具清册送所，庶便彙辦。等因。傳抄到職。查職等奉派前赴肅州領取鍋帳時，往返及守候各日並未支領脚力盤費。至肅州守候多日，不能撥給車輛，職等無項措辦，是以呈明肅州軍需局借支銀一千兩，自行雇覓車輛，將鍋帳運回到營交收訖。本營隨將借使過銀兩照數借墊還款，迄今尚在虛懸。今准來咨，理合將官兵銜名並程站里數、斤重、車價以及用過銀兩各數目分晰造具清册，呈明辦理。等情。批發到司。

查該領取鍋帳官兵往返並未支領脚力盤費，亦未撥給車輛，在肅州軍需局借支銀一千兩，除雇覓車輛實使銀九百八十兩一錢，所有剩存銀一十九兩九錢，並前實在使過銀九百八十兩一錢，合併一千兩之數，前于道光八年間本營暫行借墊，如數歸還原款。今蒙行查，自應防照涼、莊畫一辦理，所有領取鍋帳官兵銜名及往返守候各日期，既未支領盤費銀兩，應照前次運送鍋帳程站里數之成案，共計例支盤費口食脚力銀二百二十二兩二錢四分八厘，合併實用過車價銀九百八十兩一錢，二共銀一千二百二兩三錢四分八厘。理合彙造總册，呈請照送甘肅報銷登覆所彙辦。等情。據此，擬合照知。爲此照會貴所請煩查照，先爲見覆可也。

計送册一本。

右照會甘肅報銷登覆所。

道光九年八月二十九日行。

去字一號

鎮守寧夏將軍格、副都統伊爲行取養廉銀兩事。

右司案呈：案照將軍應領冬季分養廉銀三百七十五兩，副都統應領冬季分養廉一百七十五兩。呈請行取。等情。據此，擬合照知。爲此照會該道，即轉飭照數批解可也。

右照會寧夏道。

道光九年九月十三日。

去字二號

鎮守寧夏將軍格、副都統伊爲繳還銀兩事。

右司案呈：案查厢藍旗固隆阿慶福佐領下食一兩告退甲兵烏勒興阿于九年八月二十七日病故，所有該兵支過九年九月分養贍銀一兩，呈請照數繳還。等情。轉呈到司。理合呈請照知寧夏道轉飭查收。等情。據此，擬合照知。爲此照會該道，即轉飭查收，仍將收過數目、日期具文報查可也。

右照會寧夏道。

道光九年九月十三日行。

去字三號

鎮守寧夏將軍格、副都統伊爲咨報事。

右司案呈：案准左司移付，據厢黃、正白兩旗滿洲協領扎隆阿呈，據署正白旗滿洲佐領事防禦格渾等呈稱，職署佐領下馬甲努爾泰年四十四歲，于道光九年九月初十日並無携帶軍器，初次逃走，理合報明。等情。除移理事同知查拿外，查馬甲努爾泰有無長支錢糧之處，相應移付右司查辦。等情。隨據該旗協佐領等呈稱，查馬甲努爾泰初次逃走，並無長支錢糧。等情。呈報到司，理合呈請，咨明户部查照。等情。據此，相應移咨。爲此合咨大部，請煩查照施行。

右咨户部。

道光九年九月十九日行。

去字四號

鎮守寧夏將軍格、副都統伊爲照知事。

右司案呈：准甘肅布政司咨呈，案查前准貴將軍照會，造送進征官兵乘騎馬匹應扣缺曠料草册籍到司，當將原册咨送報銷登覆所查覆去後。兹准報銷登覆所咨覆，貴滿營進征官兵乘騎馬匹數目及離營日期均屬相符，惟查撤回官兵花名細册内，造頭起係道光七年二月初十日回營，二起二月十三日回營。今册造頭起官兵二月十三日回營，二起二月初十日回營。日期互異，自應更正，以符原案。等情。

前來。查册造撤回官兵回營日期前後互異之處，本司已飭承代爲簽正。計應扣缺曠料草折銀四千七百七十四兩七錢六分九厘，除記檔，俟請領貴滿營明歲春季俸餉銀兩事，照數查扣報撥，並將原册存查外，擬合咨知。爲此合咨，呈貴將軍，煩照來咨呈事理，知照施行。等因。前來。

　　案查前准户部咨，本部酌議，道光八年十一月初九日，欽奉恩詔條款事宜案内，喀什噶什噶爾軍營前後所調各處馬步兵丁借支行裝銀兩，例應于餉銀内分扣還項者，着加恩，展限三年一款。臣部應行文各督撫、將軍、都統等遵照，仍令各該處將前項調過馬步兵丁借支行裝銀兩數目造册送部查核。等因。前來。隨將本營奉調堵禦兵丁借支行裝銀兩前已奉准部咨，展限二年扣還。自道光七年六月起，至九年五月止，業已分作二十四個月依限扣還完結，聲明咨報去後。旋准户部咨，查寧夏滿營兵丁借支行裝銀兩既已接續扣完，應毋庸議。若尚未接扣，即遵照恩詔，展限三年後，再行按月依限查扣。等因。咨覆在案。

　　兹准前因，前項堵禦兵丁應扣缺曠料草折銀四千七百七十四兩七錢六分九厘，除記檔，俟請領滿營明歲春季俸餉銀兩時照數查扣報撥。等語。惟查堵禦兵丁應扣缺曠草料折銀，若在明歲春季俸餉銀内一季查扣，不但兵丁生計拮據，且恐于部覆若尚未接扣，即遵照恩詔，展限三年後，再行按月依限查扣之文不符。相應呈請，照知甘肅布政司，所有本營堵禦兵丁應扣缺曠草料折銀四千七百七十四兩七錢六分九厘，可否遵照恩詔，展限三年後，再行按月依限查扣。或自何月起分月扣還之處，俟覆到之日，以便查扣外。再，查頭二起兵回營日期前後互異，係屬筆誤，應請更正，以符原案。等情。據此，擬合照知。爲此照會貴藩司煩爲查照，見覆可也。

　　右照會甘肅布政司。
　　道光九年九月二十六日行。

去字五號

鎮守寧夏將軍格、副都統伊爲咨明事。

右司案呈：准户部咨，陝西司案呈，准寧夏將軍昇咨，右司案呈，准户部咨，查先據寧夏將軍昇並欽差大臣鄂具奏，寧夏滿兵照綠營預支餉銀成案，每年歲底預支次年餉銀，于次年二月起，至十一月，按十個月扣還，咨會陝甘總督，自本年年底爲始，遵照辦理。仍俟生息馬價歸款後即由馬價項下借給，將預支餉銀停止。等因。于道光八年七月初九日，奉旨允准在案。

今據該將軍咨稱，據八旗協佐領等支領領催、前鋒、馬甲共兵二千二百名，每名借銀四兩，共銀八千八百兩。炮手、步甲、匠役、養育兵共兵一千二百七十二名，每名借銀二兩，共銀二千五百四十四兩，已照數散給各兵丁等關支。其所借銀兩，于道光九年二月起，至十一月止，按十個月扣還。如有升遷事故，即照知扣還房銀之案，在挑補甲缺之人名下接扣還項。等語。本部核其該將軍奏明原案，借支銀數以及起扣年月雖屬相符，惟該兵等所借銀兩係由何項銀內給發，未據聲明，應咨該將軍詳查報部，再行核辦。等因。查此項借支銀兩，欽奉諭旨，照綠營預支餉銀成案，于每年歲底預支次年餉銀一萬一千三百四十四兩，于次年二月起，至十一月止，按十個月扣還。其預支餉銀隨經咨會陝甘總督，照會寧夏道，自道光八年冬季爲始，轉飭遵辦去後。即于本年十二月二十二日，由寧夏府庫將預支餉銀如數支領到營，散給兵丁，遵照辦理在案。

兹准前因，合再呈請，咨明陝甘總督，祈將前項預支次年餉銀係由何項銀內給發之處，應請查明報部，並請咨覆户部查照。等情。除分咨外，相應移咨。等因。前來。查先據寧夏將軍咨稱，據八旗協佐領等支領領催、前鋒、馬甲共兵二千二百名，每名借銀四兩，共銀八千八百兩。炮手、步甲、匠役、養育兵共一千二百七十二名，每名借銀二兩，共銀二千五百四十四兩，已照數散給各兵丁等關支。其所借銀兩，于道光九年二月起，至十一月止，按十個月扣還。如有升遷事故，即照扣還房銀之案，在挑補甲缺之人名下接扣還項。經本部核其該將軍奏明原案，借支銀數以及起扣年月雖屬相符，惟該兵等所借銀兩係由何項銀內給發，未據聲明，應咨該將軍咨稱，前項預支餉銀于本年十二月二十二日由寧夏府庫如數支領到營，散給兵丁，係由何項銀內給發之處，請咨陝甘總督查明報部。等語。查寧夏滿兵預支餉銀在于何項銀內給發，既據寧夏將軍咨，查陝甘總督應咨該督即行查明報部核辦，仍咨覆該將軍可也。等因。准此，理合呈請，咨明陝甘總督，查照部文內事理，即飭查明預支餉銀係由何項銀內給發之處，徑咨戶部，庶爲公便。等情。據此，相應移咨。爲此合咨貴督、部堂，請煩查照。轉飭查明，咨報施行。

右咨陝甘總督部堂。

道光九年九月二十六日行。

去字六號

鎮守寧夏將軍格、副都統伊：爲咨明事。

右司案呈：准工部咨，虞衡司案呈：准戶部咨稱，寧夏府申稱，奉甘肅布政司顏憲牌，承准寧夏將軍昇照會，案照本營自乾隆四十三年所頒砝碼，兌用年久，棱角多有磨減，與部頒分量不符，應請照會甘肅藩司，轉飭寧夏府，照依部頒式樣，另製砝碼一副，以憑彈兌。等情。卑府遵即照依部頒式樣，另製砝碼二副，申賫藩憲驗準，今已飭發到府。理合具文，呈送將軍衙門一副，卑府衙門一副，按月支放兵餉，以照畫一，並請將舊砝碼一副飭發下府收銷。等情。除將申送另製砝碼一副查收，轉飭通益庫收貯，並將舊砝碼一副飭發寧夏府收銷外，理合將收繳砝碼緣由，呈請咨報兵戶部、陝甘總督、寧夏道查照。等情。查寧夏駐防官兵每月支放俸餉所需砝碼，據寧夏將軍咨稱，兌用年久，棱角磨減，已由寧夏府照依部頒式樣另製申送，並將舊砝碼一副飭發寧夏府收銷外，咨部查照。等語。查寧夏駐防收繳砝碼既據該將軍咨報戶部，應移咨兵部查照，並知照工部。等因。前來。

　　查定例，各省藩臬道庫、鹽政、關差以及將軍衙門各等處所用砝碼，均由本部製造，與戶部庫貯祖砝較準頒發，毋許自行套製，如違參處。等語。是以定例嚴明，原以絕輕重參差之弊，而各直省無不遵照辦理在案。[36]今寧夏將軍所用砝碼既與部頒分量不符，自應先期報明本部製造頒發，何得率行照會甘省藩司套製備用，漏報本部核辦，殊與定例有違。相應移咨寧夏將軍，即將甘肅藩司套製砝碼派員送繳本部，會同戶部庫貯祖砝詳較換鑄，以符定製。並將乾隆四十三年請領砝碼原案一併抄錄送部，以憑核辦。並移咨陝甘總督知照戶部查照可也。等因。

　　准此，溯查寧夏滿營駐防係屬雍正三年設立，所需砝碼因乾隆三年地震全行被壓遺失，所有案卷均被水淹火焚，一概無存。其原頒砝碼係由何處鑄發，無憑稽查。是以乾隆六年間，經前任將軍都咨行川陝總督尹，轉飭蘭州布政司，照依部頒式樣製造砝碼一副，較兌妥確，移送應用。嗣據蘭州布政司詳稱，查甘省各將軍、提鎮及各屬所用砝碼均係各該處自行製備，赴司較準備用，從無司中製造徑行呈送之例。今查寧夏滿兵歲需餉銀係由寧夏府衙門領回經管支放，其奉取砝碼，自應該府製造，赴司驗準呈賫。茲蒙前因，除檄行寧夏府作速製造外，所有飭造緣由，相應報明。等因。咨報前來。續于乾隆七年二月內，據寧夏府將新製砝碼由藩司較準申送滿營使用在案。迨至乾隆四十三年間，因所需砝碼使用三十餘載，稜角磨損，與部頒分兩不準，復經前任將軍三□照依乾隆六年更換砝碼成案，照會甘肅布政司飭令寧夏府另製一副，由司驗準呈賫，以憑彈兌。等因。由司檄行製造去後。隨于乾隆四十三年八月內，據寧夏府將新製砝碼由司較準申送滿營應用，亦在案。昨于道光八年八月間，又因所頒砝碼兌用年久，稜角磨減，經署寧夏將軍昇仍照乾隆六年暨乾隆四十三年更換砝碼成案，照會甘肅布政司轉飭寧夏府，遵照部頒式樣另製砝碼一副，申送滿營，以憑彈兌等用。因由司檄行寧夏府，遵照部式另製砝碼二副，申賚藩司驗準，呈送將軍衙門一副，該府存留一副，以備按月支放兵餉，互相較兌。並請將舊砝碼飭發下府收銷。等因。據此，除將新砝轉飭通益庫收貯備用外，並將舊砝飭發寧夏府收銷各緣由，均皆在案。

茲准部咨，令將寧夏府製造由司較準砝碼送繳工部，與戶部庫貯祖砝碼詳較換鑄，以符定製。並令將乾隆四十三年請頒砝碼原案抄錄送部。等語。理應遵照部示，即將甘肅藩司驗準砝碼派員賚繳。但本營所頒砝碼只此一副，而舊砝業已繳銷，所有每月支放官兵俸餉、養贍孤寡以及逐日散放官兵紅白事件、帮貼差務、賞借等項銀兩，並每月應行收貯、坐扣、交庫歸款銀兩，俱憑官砝較兌。本營除此，別無砝碼應用。若將新製砝碼差員送部詳較換鑄，自必需時延日。刻下銀兩出入，無憑彈兌，殊屬難措。相應咨請工部，所有本營砝碼或可暫令使用，將來如有磨減之處，呈請咨部換鑄。抑或先行由部另鑄一副，俟頒領到營，以便應用，再將由藩司驗過寧夏府所製砝碼差員送部辦理，庶于支放餉銀、出入錢糧均可不致有誤。是否有當，呈請咨部指示，以便遵行。

至本營移駐時原有砝碼由部、由省頒領，一切底案，實因地震被壓被火，遺失無存，無憑可稽。是以乾隆六年、四十三年咨省更換，各皆在案。現因本營砝碼使用年久，又復磨減，經署將軍昇　以案照案，咨省更換。茲蒙部示，理合將歷經辦理更換砝碼緣由聲明外，並將乾隆四十三年頒領砝碼原案備錄，呈請咨送工部查照，並祈示覆。等情。

據此，相應咨請。為此合咨大部，請煩查照，賜覆到日，遵辦施行。右咨工部。等情。據此，除咨請工部外，相應移咨。為此合咨貴督部堂，請煩查照施行。右咨陝甘總督部堂。等情。據此，除咨明工部、陝甘總督查照外，擬合照知。為此照會該道查照可也。

右照會寧夏道。

道光九年九月二十六日行。

去字七號

鎮守寧夏將軍格、副都統伊爲欽奉恩詔事。

左右司案呈：准戶部咨，先據寧夏將軍昇咨稱，奉部咨道光八年十一月初九日，欽奉恩詔條款，內開：滿洲兵丁披甲隨征效力被傷，不能披甲，及年老有疾退閑者，俱加賞賚一款。查例載，滿洲兵丁每名賞給三梭布七匹，白布三匹。等因。行文各駐防處所一體遵照。等因。傳據協佐領等呈報，查隨征效力被傷不能披甲兵丁四名，隨征效力年老有疾退閑兵丁一百三十一名，分晰造具花名細冊，呈請咨部查照示覆。等因。隨經本部將原冊移咨兵部，將冊造兵丁出征打仗履歷，年歲是否與該將軍冊報相符，查明去後。今于六月二十三日，准兵部覆稱，隨征效力被傷不能披甲及年老有疾退閑兵丁，未據該將軍造報，將原冊送回。各等因。前來。

查道光八年十一月初九日，由內閣交禮部頒行各衙門欽奉恩詔條款，內開：滿洲兵丁披甲隨征效力被傷不能披甲，及年老有疾退閑者，俱加賞賚一款。經本部查例載，滿洲兵丁每名賞給三梭布七匹，白布三匹。等因。題准行知在案。今據寧夏將軍冊報寧夏滿洲蒙古隨征效力被傷不能披甲，及年老有病退閑兵丁一百三十五名，每名賞給三梭布七匹，白布三匹。造冊咨部，查照示覆。等語。查恩詔條款內係指賞滿洲兵丁一項，並未載有"蒙古兵丁"字樣。今該將軍將蒙古兵丁一併造冊請賞，本部核與恩詔應賞條款不符，未便率准，應咨寧夏將軍將冊造蒙古兵丁三十八名。請賞布匹，核與應賞條款雖屬相符，但該兵等姓名及出征打仗履歷、年歲是否相符，行據兵部覆稱，未據該將軍造報，本部亦無憑核辦，應咨該將軍查明咨報兵部之日，再行報部辦理。又，另冊造報隨征效力年過五十以上現在披甲兵丁九十九名，可否一體賞給布匹，本部核與恩詔條款亦屬不符。該將軍咨請一體賞給之處，應毋庸議，仍咨寧夏將軍查照，並知照陝甘總督可也。等因。

　　准此,除現在披甲兵丁九十九名毋庸議外,查本營前經冊報滿洲蒙古隨征效力被傷不能披甲及年老有疾退閑兵丁一百三十五名,每名賞給三梭布七匹,白布三匹,咨部去後。兹奉部示,蒙古兵丁三十八名與恩詔條款不符,行令刪除。隨即遵照刪除。其應行請賞滿洲兵丁九十七名内,經本營冊報後,陸續病故厢藍旗滿洲阿璽達佐領下被傷兵丁一名佛楞額。又病故年老有疾退閑兵丁四名:厢黃旗滿洲哈豐阿佐領下連春,厢黃旗滿洲明祥佐領下達隆阿,正白旗滿洲圖克唐阿佐領下倭合,正白旗滿洲防禦格渾署多倫布佐領下靈舒。以上五名應請一併除裁。除現今實剩被傷兵丁二名,年老退閑兵丁九十名,共兵九十二名。理合遵奉造具該兵等姓名及出征打仗履歷、年歲清冊二分,呈請分送兵、户部查核辦理,示覆遵行。等情。據此,除咨送兵、户部查核示覆外,相應咨送。爲此合咨大部,請煩查照示覆,以便遵辦施行。

　　計咨送冊一本。
　　右咨兵部、户部。
　　道光九年九月二十六日。

去字八號

　　鎮守寧夏將軍格、副都統伊爲行支十月分官兵錢糧事。[37]
　　通共應支銀一萬五千三百五十一兩七錢七分四厘,内除驍騎校扣還修署銀三十一兩二錢五分,兵丁扣還房間銀六百六十八兩,扣還接濟兵丁銀一千一百三十四兩四錢。以上三項,共坐扣銀一千八百三十三兩六錢五,實支銀一萬三千五百一十八兩一錢二分四厘。倉石米一百一十四石九斗一升二合五勺,合京石米一百六十四石一斗六升七勺。倉石小麥二千二百三十三石一斗八升一合三勺,合京石麥三千一百九十石二斗五升九合。倉石料二千三百四十石六斗八升六合七勺,合京石料三千三百四十三石八斗三升八合一勺。理合開列粘單，呈請照數行支。等情。據此，擬合照知。爲此照會該道，即轉飭照數支給可也。

右照會寧夏道。

道光九年九月二十八日行。

去字九號

鎭守寧夏將軍格、副都統伊爲行支十月分孀婦錢糧事。

通共應支銀九十三兩八錢一分二厘。倉石俸米二十二石六斗五升六合二勺，合京石米三十二石三斗六升六勺。理合開列粘單，呈請照數行支。等情。據此，擬合照知。爲此照會該道，即轉飭照數支給可也。

右照會寧夏道。

道光九年九月二十八日行。

去字十號

鎭守寧夏將軍格、副都統伊爲支給告退甲兵十月分養贍銀兩一百二十四名，每名給銀一兩，共銀一百二十四兩。呈請照數支給，以資養贍。等情。據此，擬合照知。爲此照會該道，即轉飭照數支給可也。

右照會寧夏道。

道光九年九月二十八日行。

去字十一號

鎭守寧夏將軍格、副都統伊爲支領九年秋季生息銀五百兩，呈請飭知寧夏府隨餉支領，以便需用。等情。據此，擬合飭知。爲此仰府官吏查照，如數支給可也。

右仰寧夏府准此。

道光九年九月二十八日行。

去字十二號

鎮守寧夏將軍格、副都統伊爲支領九年一歲共得利銀六百兩,已至期滿,呈請飭知寧夏府作速申送。再,查夏朔二縣辦解今歲春季、秋季加添火葯三千二百斤,每百斤價銀三兩七錢八分五厘,核算共銀一百二十一兩一錢二分,應請飭知,在于應領利銀六百兩之內照數扣留,飭交該縣等支領外,尚剩生息銀四百七十八兩八錢八分,如數領給,以便需用。等情。據此,擬合飭知。爲此仰府官吏查照,如數支給可也。

右仰寧夏府准此。

道光九年九月二十八日行。

去字十三號

鎮守寧夏將軍格、副都統伊爲支領九年九月分利銀二百兩事。[38]

右司案呈:呈請飭知寧夏府隨餉支領,以資養贍。等情。據此,擬合飭知。爲此仰府官吏查照,如數支給可也。

右仰寧夏府准此。

道光九年九月二十八日行。

而字一號

鎮守寧夏將軍格、副都統伊爲咨請部示事。

左右司案呈:准兵部咨,道光八年三月內,據寧夏將軍慶、副都統噶互相參奏一案。經欽差署理寧夏將軍昇、陝西巡撫鄂審明定擬,其奏請旨,奉旨:"交部議處。"旋經兵部核議具奏。道光八年七月十四日奉旨:"慶山,着照部議,實降三級,加恩賞給二等侍衛。噶普唐阿,着照部議,革職。協領科普通武、阿尼揚阿、多倫布、阿璽達、扎隆阿,均照部議,降三級留任,不准撥銀□□□□□。"等因。□□前來。

遵奉□□□□□□□□□□科普通武,廂紅、廂藍兩旗滿洲協領阿尼揚阿,廂白、正藍兩旗滿洲協領多倫布,八旗蒙古協領阿璽達,廂黃、正白兩旗滿洲協領扎隆阿等既奉部議,奏准各降三級留任,所有該員等每季每員例支協領俸銀六十五兩,内應行扣除降三級俸銀三十五兩,各照驍騎校每員關支俸銀三十兩之處,即于道光八年九月內,咨報戶部、陝甘總督,並照知寧夏道查照在案。嗣于道光九年春秋二季,該協領科普通武、阿尼揚阿、多倫布、阿璽達、扎隆阿等,每季每員應扣降三級俸銀三十五兩,俱由寧夏府庫扣留,亦在案。

再,查戶部則例,內開:外任大小文武官未完原任降罰俸銀,病故、休致者概予免追。等語。兹有廂紅、廂藍兩旗滿洲協領阿尼揚阿于道光九年六月十九日因病告休,廂白、正藍兩旗滿洲協領多倫布于道光九年十月初十日病故,理合呈請,咨報戶部查照,可否將休致協領阿尼揚阿、病故協領多倫布二員未完原任降罰俸銀照例免追之處,賜覆到日,以便遵辦。並請咨報兵部查照。等情。據此,除分咨外,相應咨報。爲此合咨大部,請煩查照,示覆施行。

右咨兵、戶部。

道光九年十月二十二日行。

而字二號

鎮守寧夏將軍格、副都統伊爲咨明銷除旗檔事。

據廂黃、正白兩旗滿洲協領扎隆阿呈,據署正白旗滿洲佐領事防禦葉普冲額等呈稱,職署佐領下馬甲努爾泰于道光九年九月初十日初次逃走,並無妻室,前已咨報兵、刑部,並通行查拿在案。今核努爾泰自逃走之日起,限已逾一月以外,理合據該旗所呈,將旗逃努爾泰遵照新例銷除旗檔之處,相應呈明,咨報部、旗查照銷檔。等情。據此,除咨報兵、戶部、刑部、正白旗滿洲都統銷除旗檔外,相應咨明。爲此合咨大部、貴旗,請煩查照銷檔施行。

右咨兵部、刑部、戶部、正白旗滿洲都統。

道光九年十月二十二日行。

而字三號

鎮守寧夏將軍格、副都統伊：爲行支十一月分官兵錢糧事。

右司案呈：通共應支銀一萬五千六百四十一兩九錢內，除驍騎校扣還修署銀三十兩，兵丁扣還房間銀六百六十八兩，扣還接濟兵丁銀一千一百三十四兩四錢。以上三項，共扣銀一千八百三十二兩四錢，實支銀一萬三千八百九兩五錢。倉石俸米二千四百二十二石五斗六升二合五勺，合京石米三千四百六十石八斗三合五勺。倉石料二千四百一十一石二斗，合京石料三千四百四十四石五斗七升一合。理合開列粘單，呈請照數行支。等情。據此，擬合照知。爲此照會該道，即轉飭照數支給可也。

右照會寧夏道。

道光九年十月二十八日行。

而字四號

鎮守寧夏將軍格、副都統伊爲行支十一月分官兵孀婦錢糧事。

右司案呈：現有寡婦五十八口，通共應支銀九十三兩八錢一分二厘。倉石俸粟米二十二石六斗五升六合二勺，合京石米三十二石三斗六升六勺。理合開列粘單，呈請照數行支。等情。據此，擬合照知。爲此照會該道，即轉飭照數支給可也。

右照會寧夏道。

道光九年十月二十八日行。

而字五號

鎮守寧夏將軍格、副都統伊爲支給告退甲兵養贍銀兩事。

右司案呈：十一月分，仍有甲兵一百二十四名，每名給銀一兩，共銀一百二十四兩。呈請照數支給，以資養贍。等情。據此，擬合照知。爲此照會該道，即轉飭照數支給可也。

右照會寧夏道。

道光九年十月二十八日行。

而字六號

鎮守寧夏將軍格、副都統伊爲預領紅白恤賞銀兩事。

右司案呈：案查道光九年秋季分，八旗官兵共出紅白事件一百四十四件，共賞使過銀一千零一十七兩。據管理通益軍事務協領阿璽達造册前來，理合呈請飭發查辦。

再，查秋季原領銀七百兩，除儘數使過外，尚不敷墊使銀三百一十七兩。又領冬季備賞銀七百兩，呈請飭知寧夏府一併照數領給。等情。據此，擬合飭知。爲此仰府官吏查照支給可也。

計發册一本。

右仰寧夏府准此。

道光九年十月二十八日行。[39]

而字七號

鎮守寧夏將軍格、副都統伊爲支領十月分利銀二百兩事。[40]

右司案呈：呈請飭知寧夏府隨餉支領，以資養贍。等情。據此，擬合飭知。爲此仰府官吏查照，如數支給可也。

右仰寧夏府准此。

道光九年十月二十八日行。

益字一號

鎮守寧夏將軍格、副都統伊爲咨明銷除旗檔事。

左右司案呈：據八旗蒙古協領阿璽達呈，據署厢藍旗蒙古佐領事防禦固隆阿等呈稱，查由厢黃旗蒙古撥給職署佐領下閑散蘇楞泰于道光九年十月十二日初次逃走，並無妻室，前已咨報兵、刑部，並通行查拿在案。今核蘇楞泰自逃走之日起，限已逾一月以外，理合據該旗所呈，將旗逃蘇楞泰遵照新例銷除旗檔之處，相應呈明，咨報部、旗查照銷檔。等情。據此，除咨報兵、刑、戶部，廂黃、藍旗蒙古都統銷除旗檔外，相應咨明。爲此合咨大部、貴旗，請煩查照銷檔施行。

右咨兵部、刑部、戶部，廂黃、藍旗蒙古都統……①

益字二號②

……貴司查照。兵丁月餉不敷坐扣，通融酌辦，見覆可也。

右照會甘肅布政司。

道光九年十一月十九日行。

益字三號

鎮守寧夏將軍格、副都統伊爲咨明扣完銀兩事。

右司案呈：案查道光八年歲底，所有八旗領催、前鋒、馬甲共兵二千二百名，每名借銀四兩，共銀八千八百兩。炮手、步甲、匠役、養育兵共兵一千二百七十二名，每名借銀二兩，共銀二千五百四十四兩。二共銀一萬一千三百四十四兩。行據寧夏府于十二月二十二日照數支領前來，隨即散給兵丁等訖。其所借銀兩，自道光九年二月起，至十一月，按十個月分扣，每月還銀一千一百三十四兩四錢。如有升遷事故，即在挑補甲缺人名下接續扣還。再，查此項預支餉銀原係次年餉銀之數，其所出平餘銀一百一十三兩四錢四分即應入于月支餉銀平餘銀內，以足原額之處，于道光八年十二月二十四日咨報兵、戶二部，陝甘總督、寧夏道查照在案。

茲據八旗協佐領等呈稱，查道光八年歲底預支餉銀一萬一千三百四十四兩，自道光九年二月起，至十一月止，俱已按月照數扣貯寧夏府庫訖。合將扣完銀兩數目呈請辦理。等因。轉呈批發到司。理

---

① "都統"二字後脫一頁，內容不詳。
② 影印本"益字二號"有脫頁，據書例補"益字二號"四字，其脫頁內容以省略號表示。

合呈請，咨明兵、户部、陝甘總督，並照知寧夏道查照。等情。據此，除分咨外，相應移咨。爲此合咨大部、貴督部堂，請煩查照希冀轉飭蘭州藩司知照。施行。

右咨兵部、户部、陝甘總督部堂。等情。據此，除分咨外，擬合照知。爲此照會該道查照可也。

右照會寧夏道。

道光九年十一月十九日行。

益字四號

鎮守寧夏將軍格、副都統伊爲道報事。

右司案呈：道光九年十一月初五日，准左司移付，准兵部咨，職方司案呈：兵科抄出本部彙題，内開：准寧夏將軍昇咨稱，本處正黄旗解退馬甲靈常、正紅旗解退馬甲泰福均曾經出兵打仗，年在五十以上，應照例准其每月給銀一兩，以養餘年。等因。道光九年九月初三日題，本月初八日奉旨："依議。欽此。"相應行文該將軍可也。等因。

准此，隨傳據該旗協佐領等呈報，查因病告退之正黄旗馬甲泰福等二名既經兵部奏准，每名每月給銀一兩，共給養贍銀二兩，請自道光九年十二月起按月支領，以資養贍，呈請辦理。等情。轉呈到司，理合呈請，照知寧夏道轉飭照數支給，以資養贍。並將告退甲兵旗分、姓名及應領銀數、日期造册，咨報户部、陝甘總督查照。等情。據此，除分咨外，相應咨送。爲此合咨大部、貴督部堂，請煩查照希祈轉飭蘭州藩司知照。施行。

計送册一本。

右咨户部、陝甘總督部堂。等情。據此，除分咨外，擬合照知。爲此照會該道，即轉飭照數支給可也。

計送册一本。

右照會寧夏道。

道光九年十一月十九日行。

益字五號

鎮守寧夏將軍格、副都統伊爲咨明銷除旗檔事。

左右司案呈：據署廂紅、廂藍兩旗滿洲協領薩哈布呈，據署廂藍旗滿洲佐領事防禦奇克坦布等呈稱，查由本旗阿璽達佐領下撥給職署佐領下閑散法克什泰于道光九年十月十九日初次逃走，現年十八歲，並無妻室，前已咨報兵、刑部，並通行查拿在案。今核法克什泰自逃走之日起，限已逾一月以外，理合據該旗所呈，將旗逃法克什泰遵照新例銷除旗檔之處，相應呈明咨報部、旗查照銷檔。等情。據此，除咨報兵、刑、户部，廂藍旗滿洲都統銷除旗檔外，相應咨明。爲此合咨大部、貴旗，請煩查照銷檔施行。

右咨兵部、刑部、户部、廂藍旗滿洲都統。

道光九年十一月二十四日行。

益字六號

鎮守寧夏將軍格、副都統伊爲咨報事。

右司案呈：據八旗協佐領等册報，查八旗領催、前鋒、馬甲共兵二千二百名，每名所住原設土房二間，共房四千四百間。步甲、炮手共兵六百名，每名所住原設土房一間，共房六百間。二共原設土房五千間，造册呈報前來。並聲明並無裁汰兵數，亦未添蓋官房。又，出具並無私租、私典、隠匿、捏出保結，一併呈送到司。理合彙造總册，並各員等出具並無私租、私典、隠匿、捏出保結，一併呈請，咨送兵部備查。等情。據此，相應咨送。爲此合咨大部，請煩查照施行。

計送册一本，結二十九張。

右咨兵部。

道光九年十一月二十四日行。

益字七號

鎮守寧夏將軍格、副都統伊爲行支錢糧事。

右司案呈：案查道光九年十二月分，官兵通共應支銀一萬五千二百零五兩五錢，內除驍騎校扣還修署銀三十兩，兵丁扣還房間銀六百六十八兩，二項共坐扣錢六百九十八兩外，實支銀一萬四千五百七兩五錢。倉石俸米一百一十四石一斗二升五合，合京石米一百六十三石三升五合七勺。倉石小麥二千三百一十石一斗八升七合五勺，合京石麥三千三百石二斗六升七合八勺。倉石料二千七百二十五石八斗，合京石料三千八百九十四石。理合開列粘單，呈請照數行支。等情。據此，擬合照知。爲此照會該道，即轉飭照數支給可也。

右照會寧夏道。

道光九年十一月二十八日行。

益字八號

鎮守寧夏將軍格、副都統伊爲行支孀婦錢糧事。

右司案呈：案查十二月分，現有寡婦四十六口。通共應支銀七十九兩五錢九分四厘。倉石俸米七石七斗五升，合京石米一十一石七升一合四勺。倉石小麥一十四石二斗九升六合九勺，合京石麥二十石四斗二升四合一勺。理合開列粘單，呈請照數行支。等情。據此，擬合照知。爲此照會該道，即轉飭照數支給可也。

右照會寧夏道。

道光九年十一月二十八日行。

益字九號

鎮守寧夏將軍格、副都統伊爲支給告退甲兵養贍銀兩事。

右司案呈：案查十二月分，現有告退甲兵一百二十五名，每名給銀一兩，共銀一百二十五兩。呈請照數支給，以資養贍。等情。據此，擬合照知。爲此照會該道，即轉飭照數支給可也。

右照會寧夏道。

道光九年十一月二十八日行。

益字十號

鎮守寧夏將軍格、副都統伊爲支領利息銀兩事。

右司案呈：案查十一月初一日起，至月底止，應領利息銀二百兩。呈請飭知寧夏府隨餉支領，以資養贍。等情。據此，擬合飭知。爲此仰府官吏查照，如數支給可也。

右仰寧夏府准此。

道光九年十一月二十八日行。

益字十一號

鎮守寧夏將軍格、副都統伊爲咨明事。

右司案呈：據正黃、正紅兩旗滿洲協領科普通武呈，據署正黃旗滿洲佐領事防禦蘇繃額等呈稱，奉右司傳抄，准左司移付，本年十一月二十五日，准兵部咨，職方司案呈，兵科抄出本部題前事一案，相應抄錄原題，行文該將軍可也。計粘單一紙。議得內閣抄出寧夏將軍格等奏，據廂紅、廂藍二旗滿洲協領兼廂白旗滿洲佐領阿呢揚阿呈稱，職食俸餉五十四年，年六十九歲。乾隆四十九年出固原兵一次，嘉慶十二年出西寧兵一次，共打仗二十二次，得功牌四個。前在軍營，腿受潮濕，今舊病復發，醫治罔效，竟成殘廢，懇請休致。等情。委驗屬實，請將該員休致。等因。奉硃批："着照所請。欽此。"到部。

查定例，內外三品以下官員因老病告休，准其原品休致。其曾經出征打仗者，年至六十以上可否賞給半俸，請旨。等語。今寧夏廂紅、廂藍二旗協領兼廂白旗滿洲佐領阿呢揚阿因前在軍營，腿受潮濕。今舊病復發，竟成殘廢。經該將軍委驗屬實，應照例准其原品休致。至該員曾經出兵打仗，得有功牌，現年六十九歲，可否賞給半俸以養餘年之處，恭候欽定。等因。道光九年九月十四日題，本月二十四日奉旨："阿呢揚阿，曾經出兵打仗得功牌者，給與半俸，以養餘年。欽此欽遵。"移咨前來，傳抄到職。查職署佐領下協領阿尼揚阿既准部咨給與半俸，以養餘年，所有該員歲支半俸銀六十五兩，月支倉石俸米一石五斗，家口米折銀二兩二錢五分，請自道光九年十二月初一日照數起支之處，呈請辦理。等情。到職。據此，覆查無異，理合呈請辦理。到司。

蒙此，查協領阿尼揚阿前曾緣事部議降三級留任，所有該員每季例支協領俸銀六十五兩，内應行扣除降三級俸銀三十五兩。照依驍騎校每季關支俸銀三十兩，即于道光九年春秋二季如數扣留寧夏府庫在案。查戶部則例，内開：一，外住大小文武官未完原任降罰俸銀，病故、休致者概予免追。等語。今協領阿尼揚阿因病告休，其可否將該員未完原任降罰俸銀照例免追之處，已于本年十月内，業經咨請兵、戶二部查照示覆，再爲遵辦在案。今又查得戶部則例，内開：一，旗人文武職任内罰俸未完，即經病故、休致無俸可扣者，概予免追。如本身有世襲官職及休致有俸者，仍按數接扣。等語。今告休協領阿呢揚阿現准部咨，給與半俸，所有該員應支半俸銀兩，或照原任協領半俸關支，抑或照降罰俸銀一半關支之處，本營未經辦有成案，理合一併呈請，咨明大部查照。仿照何例辦理，指示賜覆，以便支領俸餉時遵照辦理外，合將該旗協領等呈報告休協領阿呢揚阿起支一半米石，家口米折銀數目、日期呈請，咨明戶部、陝甘總督，並照知寧夏道查照。等情。據此，除分咨外，相應移咨。爲此合咨大部、貴督部堂，請煩查照<small>希冀轉飭蘭州藩司知照</small>。施行。

右咨戶部、陝甘總督部堂。等情。據此，除分咨外，擬合照知。爲此照會該道，即轉飭照數支給可也。須至照會者。

右照會寧夏道。

道光九年十一月二十九日行。

益字十二號

鎮守寧夏將軍格、副都統伊爲咨明事。

據署廂黃、正白兩旗滿洲協領花尚阿呈，據署正白旗滿洲佐領事防禦賞安布等呈稱，奉右司傳抄，准左司移付，本年十一月二十五日，准兵部咨，職方司案呈，兵科抄出本部題前事一案，相應抄錄原題，行文該將軍可也。計粘單一紙，議得准寧夏將軍格咨稱，據正白旗滿洲驍騎校和繃阿呈稱，職食俸餉五十五年，年七十歲。乾隆四十九年出固原兵一次，嘉慶十二年出西寧兵一次，打仗二十二次，得功牌五個。今因偶患痰疾，半身不能動轉，懇請休致。等情。委驗屬實，咨部辦理前來。查定例，內外三品以下官員因老病告休，准其原品休致。其曾經出征打仗者，年至六十以上可否賞給半俸，請旨。等語。今寧夏正白旗滿洲驍騎校和繃阿因偶患痰疾，半身不能動轉，懇請休致，既經該將軍委驗屬實，應照例准其原品休致。至該員曾經出兵打仗得功牌，現年七十歲，可否賞給半俸以養餘年之處，恭候欽定。等因。道光九年九月十五日題，本月二十四日奉旨："和繃阿，曾經出兵打仗，得功牌，著以原品休致，給與半俸，以養餘年。欽此欽遵。"移咨前來，傳抄到職等。

奉此，查告休驍騎校和繃阿既經部咨，賞食終身半俸，所有該員和繃阿每月應支半俸銀二兩五錢，倉石俸米二斗五升，家口米折銀一兩二錢五分，請自道光九年十二月初一日照數起支之處，呈請辦理。等情。轉呈到司，理合呈請，咨明戶部、陝甘總督，並照知寧夏道查照。等情。據此，除分咨外，相應移咨。爲此合咨大部、貴督部堂，請煩查照希冀轉飭蘭州藩司知照。施行。

右咨戶部、陝甘總督部堂。等情。據此，擬合照知。爲此照會該道，即轉飭將該員月支半俸銀二兩五錢，倉石俸米二斗五升，家口米折銀一兩二錢五分，于十二月初一日起照數支給可也。

右照會寧夏道。

道光九年十一月二十九日行。

益字十三號

鎮守寧夏將軍格、副都統伊爲咨明事。

右司案呈：准左司移付，本年十一月二十五日，准兵部咨，職方司案呈，兵科抄出本部題前事一案。相應抄錄原題，行文該將軍可也。計抄單一紙，議得兵科抄出寧夏將軍格等疏稱，正黃旗滿洲佐領安祥呈稱，食俸餉五十七年，年七十二歲。乾隆四十六年出蘭州兵一次，四十九年出固原兵一次，共打仗十六次，得功牌四個。因染患痰疾，半身不能動轉。又，正白旗蒙古佐領色普興額呈稱，食俸餉五十七年，年七十二歲。乾隆四十九年出固原一次，打仗八次，得功牌三個。因腰受風寒，動履維艱，竟成殘廢。又，厢藍旗蒙古佐領慶福呈稱，食俸餉五十六年，年七十一歲。乾隆四十六年出蘭州兵一次，四十九年出固原兵一次，共打仗十四次，受傷一處，得功牌二個。固傷舉發，半身不能動轉。均懇請休致。各等情。委驗屬實，請將該員等休致。等因。奉旨："兵部議奏。欽此。"到部。

查定例，內外三品以下官員因老病告休，准其原品休致。其曾經出征打仗，或殺賊，或捉生，或受傷，有一二項績者，年至六十以上，可否賞給全俸，請旨。其曾經出征打仗者，年至六十以上，可否賞給半俸，請旨。等語。今寧夏正黃旗滿洲佐領安祥因染患痰疾，半身麻木，不能動轉。正白旗蒙古佐領色普興額因腰受風寒，動履維難，竟成殘廢。厢藍旗蒙古佐領慶福固傷舉發，半身不能動轉。均懇請休致。既經該將軍委驗屬實，均照例准其原品休致。至慶福曾經出兵打仗受傷，得有功牌，現年七十一歲，可否賞給全俸。安祥、色普興額均曾經出兵打仗，得有功牌，現年七十二歲，可否賞給半俸，以養餘年之處，恭候欽定。等因。

道光九年九月二十五日題，十月初二日奉旨："慶福，曾經出兵打仗受傷，得功牌，著以原品休致，給與全俸。安祥、色普興額，曾經出兵打仗，得功牌，俱著以原品休致，給與半俸，以養餘年。欽此欽遵。"移咨前來，傳抄去後。隨據各該旗協佐領等呈稱，查告休佐領慶福既經部咨，給與全俸，以養餘年，所有慶福歲支全俸銀一百五兩，月支倉石俸米二石五斗，家口米折銀二兩五錢。安祥、色普興額既經部咨，給與半俸，以養餘年，所有安祥、色普興額每員歲支半俸銀五十二兩五錢，月支倉石俸米一石二斗五升，家口米折銀一兩二錢五分，均自道光九年十二月初一日起支之處，呈請轉呈到司，理合呈請，咨明戶部、陝甘總督，並知照寧夏道查照。等情。據此，除分咨外，相應移咨。爲此合咨大部、貴督部堂，請煩查照希冀轉飭蘭州藩司知照。施行。

　　右咨戶部、陝甘總督部堂。等情。據此，擬合照知。爲此照會該道，即轉飭將告休佐領慶福歲支全俸銀一百五兩，月支倉石俸米二石五斗，家口米折銀二兩五錢。告休佐領安祥、色普興額每員歲支半俸銀五十二兩五錢，月支倉石俸米一石二斗五升，家口米折銀一兩二錢五分，均自道光九年十二月初一日起照數支給可也。

　　右照會寧夏道。

道光九年十一月二十九日行。

益字十四號

　　鎮守寧夏將軍格、副都統伊爲繳回七成鉛子事。

　　據管理火器營事務協領阿璽達等呈稱，查八旗鳥鎗一千六百杆，今歲秋季操演，十成鉛子八百一十六斤全行散給兵丁打牌。今已操演完竣，照例應銷三成鉛子二百四十四斤十二兩八錢外，其餘揀回七成鉛子五百七十一斤三兩二錢，自應繳回。

　　再，查子母炮十四位，威遠炮三位，今歲秋季操演，照例應關十成鉛子一百五十七斤八兩，十成鉄子一百六斤十四兩，全行散給兵丁打牌。今已操演完竣，照例應銷三成鉛子四十七斤四兩，應銷三成鉄子三十二斤一兩外，其餘揀回七成鉛子一百一十斤四兩，鉄子七十四斤十三兩，亦應繳回，呈請辦理。等情。到司。呈請繳回。等情。據此，擬合照知。爲此照會該道，即轉飭夏朔二縣查收，仍將收過緣由具文報查可也。

右照會寧夏道。

道光九年十一月二十九日行。

咏字一號

鎮守寧夏將軍格、副都統伊爲行取養廉銀兩事。

右司案呈：案照將軍一歲應支養廉銀一千五百兩，副都統一歲支養廉銀七百兩，俱按四季行取。除本年一歲養廉銀兩業已行取在案，所有道光十年春季分，將軍應領養廉銀三百七十五兩，副都統應領養廉銀一百七十五兩，呈請行取。等情。據此，擬合照知。爲此照會該道，即轉飭照數批解可也。須至照會者。

右照會寧夏道。

道光九年十二月初五日行。

咏字二號

鎮守寧夏將軍格、副都統伊爲行取門炮火药、心紅紙張銀兩事。

右司案呈：案照將軍衙門額設門炮火药、心紅紙張銀兩，按年行取。除本年一歲應用銀兩業已行取在案，所有道光十年一歲將軍衙門應用門炮火药銀一百二十兩，心紅紙張銀八十兩，呈請行取。等情。據此，擬合飭知。爲此仰府官吏查照，即轉飭夏朔二縣如數批解可也。須至牌者。

右仰寧夏府准此。

道光九年十二月初五日行。[41]

咏字三號[42]

鎮守寧夏將軍格、副都統伊爲行取衙役工食銀兩事。

右司案呈：案照將軍衙門暨副都統衙門額設各項衙役工食銀

兩，俱按二次行取。除本年一歲衙役工食銀兩業已行取在案，所有道光十年春夏二季將軍衙門應領衙役工食銀三百四十四兩，副都統衙門應領衙役工食銀九十六兩，呈請一併行取。等情。據此，擬合照知。爲此照會該道，即轉飭照數批解可也。須至照會者。

右照會寧夏道。

道光九年十二月初五日行。

咏字四號

鎮守寧夏將軍格、副都統伊爲造報事。

右司案呈：據八旗協佐領等册報，查八旗官兵通共借支修理衙署房間銀七萬六千五百六十八兩，自道光八年十月起，至十二月止，已將驍騎校並兵丁應支俸餉銀，内照依原限按月扣貯寧夏府庫銀二千零九十四兩，今自九年正月起，至十二月止，將協領等官並兵丁扣貯寧夏府庫銀九千五百五十八兩五錢，尚欠未扣銀六萬四千九百一十五兩五錢，現在依限查扣之處，造具銀數清册，呈送到司。理合彙造總册，呈請咨送户部查照。等情。據此，相應咨送。爲此合咨大部，請煩查照施行。須至咨者。

計咨送册一本。

右咨户部。

道光九年十二月初九日行。

咏字五號

鎮守寧夏將軍格、副都統伊爲行支錢糧事。

右司案呈：案照道光十年正月分，八旗額設官七十九員，内除欠缺協領二員、佐領三員、防禦二員俸餉米草料折不支外，實在行支錢糧官七十二員，原設兵三千四百七十二名。實支銀一萬五千三百九十七兩九錢九分七厘，倉石俸粟米二千三百四十一石八升五合五勺，倉石料二千六百三十四石九斗四升。理合開列粘單，呈請照數行支。

等情。據此，擬合照知。為此照會該道，即轉飭照數支給可也。須至照會者。

右照會寧夏道。

道光九年十二月十三日行。

咏字六號

鎮守寧夏等處地方將軍格、副都統伊為支給告退甲兵養贍銀兩事。

右司案呈：查上月甲兵一百二十五名，內正紅旗科普通武佐領下告退甲兵吉明于十二月初八日病故，應請裁除外，其餘再無添減。十年正月分，現有甲兵一百二十四名，每名給銀一兩，共銀一百二十四兩。呈請照數支給，以資養贍。等情。據此，擬合照知。為此照會該道，即轉飭照數支給可也。須至照會者。

右照會寧夏道。

道光九年十二月十三日行。

咏字七號

鎮守寧夏將軍格、副都統伊為行支周年半餉孀婦錢糧事。

右司案呈：案照道光十年正月分，現有寡婦四十八口，共應支銀八十三兩六錢二分五厘，倉石俸米十石，倉石粟米一十四石五斗六升二合五勺。理合開列粘單，呈請照數行支。等情。據此，擬合照知。為此照會該道，即轉飭照數支給可也。須至照會者。

右照會寧夏道。

道光九年十二月十三日行。

咏字八號

鎮守寧夏將軍格、副都統伊為支領利銀事。

右司案呈：案照道光九年十一月分，應領利銀二百兩業已支領外，所有十二月初一日起，至月底止，應領利銀二百兩，理合按旗分晰，開列粘單，呈請飭知寧夏府隨餉支領，以資養贍。等情。據此，擬合飭知。爲此仰府官吏查照支給可也。須至牌者。

　　計粘單一紙。
　　右仰寧夏……
　　道光九年十二月□日行。[43]

咏字九號

　　鎮守寧夏將軍格、副都統伊爲支領生息銀兩事。
　　右司案呈：今查道光九年夏季分，應領生息銀五百兩業已支領外，所有道光九年七月初一日起，至九月已至秋季底止，應領生息銀五百兩，呈請飭知寧夏府隨餉支領前來，以便需用。等情。據此，擬合飭知。爲此仰府官吏查照，如數支給可也。須至牌者。

　　右仰寧夏府准此。
　　道光九年十二月□日行。

【校勘記】

［１］伊：原作"依"。據《清實錄》卷一三八"道光八年七月丁未"條載，此係指寧夏副都統伊勒東阿，據改。下同。
［２］補：原作"鋪"，據文意及後文改。
［３］□日：此二字據書例補。
［４］多倫佈：下文又作"多倫布"。
［５］寧朔：原作"寧縣"，據文意改。
［６］部：原作"咨"，據書例改。
［７］寧：原作"道"，據文意改。
［８］嘉慶：原作"慶慶"，據年號用字改。
［９］夏：原作"道"，據文意改。
［10］每首："甘字十號"條作"季首"。
［11］俞：據文意，疑當作"諭"。

[12] 廂：原作"黃"，據下文改。
[13] 情：原作"請"，據前後文意及書例改。
[14] 千：此字後原衍"兩"，據前後文刪。
[15] 銀：此字後原衍"四"字，據前後文刪。
[16] 咨：原作"次"，據文意及書例改。
[17] 恤：原作"血"，據文意及前後書例改。
[18] 難：此字原脫，據前後文補。
[19] 理：此字原脫，據前後書例補。
[20] 軍：此字原脫，據前後書例補。
[21] 論：此字原脫，據"存字八號""以字五號""棠字二號"改。
[22] 若：原作"內"，據"存字八號""以字五號""棠字二號"改。
[23] 炮手：原作"砂手"，據文意改。
[24] 科：此字原脫，據書例補。
[25] 孀婦：原作"婦婦"，據書例改。
[26] 合：原作"列"，據書例改。
[27] 此：此字原脫，據書例補。
[28] □日：此二字據書例補。
[29] 夏：原作"照"，據書例改。
[30] 新：原作"辦"，據文意及前後文改。
[31] □日：此二字原脫，據書例補。
[32] 寧夏：此二字原脫，據前文及文意補。
[33] 夏：原作"照"，據書例及前後文改。
[34] 道光九年七月□日：此八字底本原無，據書例補。
[35] 六：原作"八"，據書例改。
[36] 直：原作"真"，據文意改。
[37] 事：此字原無，據書例補。
[38] 事：此字原無，據書例補。
[39] 道光九年十月二十八日行：此十一字原無，據書例補。
[40] 事：此字原脫，據書例補。
[41] 初五：此二字原脫，據書例補。
[42] 詠字三號：此四字原脫，據書例補。
[43] □日行：此三字原脫，據書例補。

平羅底稿簿

〔清〕佚 名 撰　胡玉冰 校注

校 注 説 明

　　《平羅底稿簿》不分卷,寫本,未署作者名,今藏國家圖書館。
　　平羅縣位於寧夏平原北部,有着悠久的歷史。據《〔乾隆〕寧夏府志》卷二《地里・沿革》、《〔道光〕平羅記略》卷一《輿地・沿革》等文獻記載,早在西周、東周、春秋戰國時期,平羅爲戎狄部落游牧之地,屬雍州。秦漢時期,平羅屬北地郡。三國兩晋南北朝時期,平羅縣境爲鮮卑、匈奴、羌等少數民族游牧之地。晋元帝永昌元年(322),置新堡,治今李綱堡。隋朝時,平羅屬靈武郡懷遠縣。唐朝先天二年(713),置警州(即定遠城),轄平羅一帶。宋設威遠軍,西夏改爲定州,俗呼"田州",沿用至元朝。
　　明初,置寧夏衛。平羅地區桂文、常信、洪廣、高榮、鎮朔、姚福等六堡屬寧夏右屯衛,李綱、丁義、周成、威鎮等四堡和平羅城屬寧夏前衛。嘉靖三十年(1551),設平虜守禦千户所。明代有虜警,設兵禦寇,故曰"平虜"。清初,改爲"平羅"。雍正二年(1724),置平羅縣。雍正四年(1726)、六年(1728),先後建新渠縣、寳豐縣。乾隆四年(1739),新渠縣和寳豐縣因地震被毀撤銷,歸入平羅。嘉慶十一年(1806),原屬阿拉善旗的磴口一帶劃歸平羅縣管轄。
　　民國初年,平羅縣屬朔方道(寧夏道)。1926年,磴口從平羅劃出,設爲磴口縣。1933年,原屬平羅縣的常信、洪廣、丁義、李剛、清水、通義等九堡及高榮堡的西半部,劃歸寧夏縣。1941年,割出平羅縣北部的寳豐、黄渠橋,石嘴山高莊、惠北、靈沙等八個鄉建立惠農縣。1945年,平羅縣屬寧夏第三行政督察專員公署管轄。隨後寧夏第三專員督察區撤銷,改置爲銀北專區,平羅縣歸其管轄。
　　1949年10月,寧夏解放,平羅建立縣人民政府。1954年,平羅縣歸甘肅省銀川專區管轄。1958年,寧夏回族自治區成立,平羅縣直屬自治區管轄。1973年,平羅縣隸屬銀北地區。1975年,平羅縣劃歸石嘴山市至今,現轄十三個鄉鎮一百四十四個行政村。

　　有關平羅的專門歷史文獻主要有《〔道光〕平羅記略》《〔道光〕續增平羅記略》《平羅底稿簿》等。據研究,《平羅底稿簿》作者當爲清朝光緒時期甘肅省平羅縣某省友,此簿是該省友以私人身份稟報州縣省務的底稿。"'省友'係'坐省家人'的別稱,多由有書吏背景者、長隨家人或佐雜差役人等充任,常年株守省城,溝通督撫部院、藩臬二司各房書吏,爲州縣探聽信息,包攬州縣交代、錢糧領解、投文解犯、刑命案獄等事務。他們既是州縣的辦事熟手,又是藩臬二司匯辦年例錢糧奏銷與敕案時的傳催對象,在地方行政機構運作中起着居間協調作用。'省友'之所以能夠長期存在,屢禁而不革,除却各府廳州縣距省窎遠、通訊技術條件有限等客觀因素,更與帝制中國高度集權體制和'小政府'型的統治模式有着密切關係。"①

　　《平羅底稿簿》主要輯録平羅縣某省友於光緒七年(1881)至光緒八年(1882)兩年間具文的稟稿,據編號推知這批稟稿有八十九件,録存四十四件,未録四十五件。具體如下:

　　所編光緒七年(1881)稟稿,明確的具文時間自四月二十四日起,至臘月十一日止,稟稿編號至六十號,録存了三十六件,其他二十四件稟稿未録。具體而言,録存的三十六件具文時間、編號、具體内容基本完整,它們的編號是:一號,三號,九號至十九號,二十一號,二十二號,二十四號,二十六號,二十七號,二十九號至三十一號,三十三號,三十四號,三十六號,三十七號,三十九號,四十號,四十二號至四十四號,四十六號,四十八號,五十一號,五十三號,五十四號,六十號。

　　未録存稟稿的二十四個編號是:二號,四號至八號,二十號,二十三號,二十五號,二十八號,三十二號,三十五號,三十八號,四十一號,四十五號,四十七號,四十九號,五十號,五十二號,五十五號至五十九號。未録存的稟稿中,有六件在行文中述及了其具文時間和編號,包括:四月二十九日二號,閏七月二十八日二十三號,八月十四日二十八號,八月二十八日三十二號,十月十四日四十五號,十一月初六五十二號。其餘二十八件稟稿具文時間均不詳。據

---

① 裴丹青:《清代"省友"初探》,《"中央研究院"近代史研究所集刊》第 88 期,2015 年 6 月,第 55 頁。

稟稿具體內容推究,二十號可能具文在閏七月初九,二十五號在八月初八,三十五號在九月十二日,三十八號在九月二十五日,四十一號在九月三十日,四十九號或五十號在十一月初一日。

所編光緒八年(1882)稟稿,明確的具文時間,自正月二十二日起,至五月初一日止,稟稿編號至二十九號,錄存了八件稟稿,其他二十一件稟稿未錄。具體而言,錄存稟稿中,七件具文時間、編號、具體內容基本完整,它們的編號是:三號,八號,十四號至十六號,十九號,二十九號。二十一號的具文時間爲三月二十某日。

未錄存稟稿的二十一個編號是:一號,二號,四號至七號,九號至十三號,十七號,十八號,二十號,二十二號至二十八號。未錄存的稟稿中,三月二十日具文的二十號、四月二十五日具文的二十八號兩件稟稿在行文中述及了其具文時間和編號,其餘十九件稟稿具文時間均不詳。據稟稿具體內容推究,七號可能具文在二月初八日。

《平羅底稿簿》係國家圖書館藏光緒七年(1881)至二十八年(1902)間甘肅省友系列稟稿之一,這批以"草簿""底簿""草稿簿""底稿簿"等爲題名的稟稿檔案,是研究清代甘肅基層行政機構運作機制的重要史料,更是研究清代省友問題最直接的史料,因而具有較高的整理研究價值。全國圖書館文獻縮微複製中心 2005 年出版的《清代(未刊)上諭奏疏公牘電文彙編》集中刊布了這批稟稿。

本次整理《平羅底稿簿》,以《清代(未刊)上諭奏疏公牘電文彙編》影印本爲底本,校注以其他歷史文獻。主要有如下作法:

一、爲便於利用,對稟稿進行了適當的分段。脚注表示注釋的內容,校勘記附于卷尾。

二、爲保持文獻原貌,原稟稿中有特殊作用的○、△符號予以保留,并脚注説明。

平羅底稿簿

內附自七年四月廿四日起，八年五月初一日止。①

光緒七年(1881)②

敬稟者：書違侍鈞顏，瞬經匝月，指日榮遷，彌殷鵲報。書奉派省務，黽勉勤慎，不敢少怠，有負憲恩。交代案件最緊要，如有阻延，即由本道呈請舛錯報部，展限必不有虞。恭叩任喜。差役口食廿六日起支，每日六百廿文。

四月廿四日申刻發，升字壹號。

四月廿九日發，升字弍號。③

敬稟者：差役週日支口食，按期付給，俱有領條，書存稽考。
茲因天熱，具稟借領工食八兩，藉換夏衣。書准借六兩，伏望記檔。
此案人犯，讞局自四月初旬過堂，至今未訊。謹稟。恭請升安。書謹肅。
伍月初六日發，升字第三號。

敬稟者：月之初九日，曾具草稟，④諒邀慈鑒。

---

① 光緒七年(1881)四月二十四日起，至光緒八年(1882)五月初一日止。
② 《平羅底稿簿》原無此標題，整理者擬加。
③ 《平羅底稿簿》未見升字二號稟稿。
④ 六月初九具文的稟稿編號不詳。

驛站交代，已於十一日到司。錢糧交代，已於十五日到省。書即託各房書友，照章援辦。需用規費，如舊應付，祈釋塵念。務望空印早日擲省，以備急用，免之臨渴而掘井也。

招審人犯梁伏之案供已定局，業經具稿。臬憲閱案，不日即能詳院也。各房規費，均皆討要，書含糊應承，囑其趕辦，以顧急公。不知前次如何付給？務望示知，藉資遵循。

交代事宜，均祈一併早日擲省，是所切禱。恭請升安。

六月十七日，升字九號。

敬稟者：月之十七日，肅具升字第九號蕪稟，并報計邀慈鑒。

錢糧交代，多不合例。書託房友，援通辦理，應承規費，就近更換，專候印册。惟有明大老爺任內各款不分領解，盡爲留支，擅行動行。藩司定章，無論何處領項，或由地丁耗羨款內作扣留支，抑或具文由司請領，俱有定章。耗羨地丁雖有存餘，正領正解不准擅動。茲因輾轇，册造不清，舊例不合，不遵章程，定要駁詰。動過之款，[1]雖係正支，理應分晰。正領正解，更造賫核，以符定例。書聞知惶懼，似此駁詰，恐延限期，咎歸於誰。即於前前任省書張子貞公同商辦，不知作何見郊也。容俟三二日，商辦如何即稟陳。

驛站交代，司院房友，業經承辦，六月內定能咨部也。錢糧駁詰乃係前任，不與新任干涉。如則如此，誠恐延誤，望祈大老爺電鑒，轉達明大老爺酌辦爲要。

交代規費，早日擲省，以濟急公。恭請升安。

六月廿日，升字十號。

敬稟者：前具蕪稟，計已早邀慈鑒。

二十四日，明大老爺差人進省，接奉鈞諭，並工食文領、空印、詳册等件，俱已收過。夏季工食，當即投院。書託督房、藩房，書援案掛發，浴蘭下旬，方能領獲。所需房費，各有舊章，書極力儉慎，萬不敢格外花費,辜負憲意。

交代案情,前稟陳明,如有挑剔,備有印册,藉資更造,不致延誤,妥切之至。交代規費,亦有舊章。前任省書均有帳簿,需用一切,兩任分出。設有多用,顯而易見,祈釋廑懷。錢糧交代,正領正解,全數留支,帳目牽混,故此駁詰。前任事故,新任無干。驛站交代,由司詳院,巧月定能咨部也。秋冬文領,至期呈投,不致有虞。

洋菸議定每百斤抽厘銀九十兩,自七月初一日爲始,通行各處,勿再禁阻。種者免抽,業經批准,章程不日飭知也。

余二田大老爺請補秦州,部文已准,赴京後再爲到任。所遺臯蘭縣有定陳然軒明府之説。並呈京報二本。廿五止。恭請升安。

六月廿五日,升字十一號。

敬稟者:月之念六日,①肅具升字十一號蕪稟,備陳一切,計邀慈鑒。
驛站交代,遵照舊規,應給司院房費二十六金,業經詳院轉咨矣。錢糧交代,舊規六十兩,先生六兩,院房三十兩,先生核册四兩。司房書友照依舊規六十六兩,定要如數。書應承五十,不肯應允,恐要駁詰。即與前任省書張子貞商酌,問明前途,均係六十,核册六兩,院房舊規三十四兩。若要少數,惟恐司房挑剔駁詰。各項需費,前已稟過明大老爺,有帳稽考。

書查詢之次,羝羊觸藩,事關功名,干係匪輕。道途窵遠,請示不易,實深悵悵。爽命之愆,伏望鑒原。容俟商辦,如何定然,即爲飛陳。先具飛稟,訓示祗遵。尤祈父臺轉致明大老爺,查考前途如何,需費多寡,賜示遵循。

請領工食各項銀兩,司院房費,俱有定規,毫釐不錯。現在院掛尚未到司,巧月念間方能領獲。謹具蕪稟,恭請勳安。

六月廿九日,升字十二號。卅發。

---

① 升字十一號稟稿具文時間在六月二十五日,故二十六日或爲發文時間。

敬禀者：前曾具升字十二號蕪禀，諒邀慈鑒。

驛站交代，已於二十九日出題咨部，司院房費二十六兩，如數交清。錢糧交代，牽混太多，舛錯過甚。司房筆規六十六兩，不能格外加增，而於舊額短減錯混之處，不肯應允，不能更換。惟恐駁詰，延誤日期，重咎曷能當起，使書進退維谷。再四思維，若不擅專添數，遵訓執謬，一經駁詰，關係匪輕。故不揣冒昧，照依舊規，無論核册，一包在内，應許六十兩，書方允承辦，逐款核算，改正更换。如命照辦，容俟詳院，房書如何，再爲禀陳。謹將遵辦一切情形，理合飛禀陳明，伏候示遵。尤祈轉函問明大老爺前途情形，洞知底裏。

省中舊規，書已詢過前途，省書方敢應承。情處急公，令人悵悵。謹恭請升安，竚望鈞批，伏乞垂鑒。

升字十三號，七月初一日發。

敬禀者：月之初一日，肅具升字十三號蕪禀，備陳一切，諒邀慈鑒。

交代情形，前禀陳明。錢糧交代，藩司房費如舊應承，册内舛錯牽混過多，更換尤甚。書將印册僱人謄寫，房書核案，逐股注明。更換册頁，不敷需用，書向前任張省書處尋覓十餘篇，暫將緊要寫換接急。念間詳院，核案咨部，務祈飭房再用印册二三十頁，迅速寄省，書收備用，不致有誤。

請領工食，由院掛司，業經具稿，呈案核發。除扣過發審經費攤款，共在三十餘兩外，實發銀五十兩零。交代房費，祇給一半，其餘多半秋季領獲，再爲付給。祈釋廑念。不合册頁，容俟換過，即爲包固，由馹遞呈，記案稽考。

初三日，督率百僚，迎接慈安皇太后入祠，徽號加增"孝貞"二字。寶詔進省，刊示通行。又聞曾九宫保由南起身，秋月抵蘭。甘肅藩篆，另簡放員。李藩憲仍赴陝西延榆綏道。本任欽差楊有告病假回南之説。恭請升字，並呈禀報。

七月初六日，升字十四號。

敬禀者：月之初六日，肅具升字十四號蕪禀，計邀慈鑒。

錢糧交代，舛錯核正，更換清楚，業經詳院，抽換舊册，呈請電核，飭房存案，以備稽考。院房書友核辦交代，討索筆規三十六兩，先生核册亦是六兩。書循舊規三十二兩，核册六兩，如數應許。已經托辦，不日即能出咨也。

夏季工食，托院掛司，房友援辦，除扣紙劄等項外，實銀六十兩五錢九分七厘。付給各費，遵循舊例。院房掛費，份合給銀一兩三錢二分。藩司堂扣，份合給銀一兩七錢八分二厘。份庫費銀一兩三錢二分。庫子紙皮核對領子銀六分。房費銀二兩，司院號房投文錢四百文，合銀二錢五分。以上各項，除開消過，謹領獲實銀五十二兩三錢零。交代房費，催討甚切。書通蝸半費，伏望訓示。

院房書友言及鎮原交代，部催到案，不日文催，違限尤甚。等因。書聞之惶懼，當即諄托暫緩辦理，應承費銀，惟恐具文，已過幾年，貽害匪輕。不知當日如何辦理，遲延至今。規費多寡，應給若干，尤望示遵。

各憲札派候補縣劉然亮、張潤、范廷樑、余炎炳、黃益韶、張鑑清等六員，前往四路。查辦義倉事宜，札委平番厘局林克相押解土司控案進省。謹具升安。

七月十三日，升字十五號。

敬禀者：月之十三日，曾具升字十五號蕪禀，並呈册底，計已早邀慈鑑矣。

錢糧交代，牽混太多。寄來印册，不敷使換。張子貞處要來數扁，[2]亦用不敷。書托商司，書先將咨部急要抽換，賫請暫顧大公，以免延誤。至於司房，存案不敷，抑或院房不敷者，暫且存擱，容俟禀請賫來，如數更造，記檔稽核。務祈飭房，再用印册二十頁，速即賫省，遵用是禱。

交代房費，催討甚切。書朝三暮四，推諉不過。刑命交代，房費八兩,亦要催討。如何之處,伏望賜示。

招審梁伏,四月定供,以至於今。發審房費,無人應付,耽擱百天。役犯口食,日日必需。明大老爺已到中衛,雖係他事,我們受累。書思至再,若不應付,早日完結,托累不少矣。書與發審房照例應承飯食四兩,以期迅速,而免托延。① 伏望大老爺信問明大老爺。此次招審梁伏,飯食、紙價、房費一切,除口食役犯日支供給外,其餘需費,理應誰出?望乞鴻裁,賜示遵循,是所切禱。

通渭典史嚴達禕飭赴新任。平番土司控案已交發審,局委候補道向邦棟審訊。恭請升安。

七月十九日,升字十六號。

敬稟者:昨具升字十六號蕪稟,計邀慈鑒。

人犯梁伏,讞局房費不知誰出。書已應承,因公起見,是否之處,訓示祗遵。

留支之項,耗羨動用。耗羨不敷,地丁正款,例不應動,應領留支。耗羨地丁,全行動用,不由司領,帳目牽混,終難報銷。去歲,明前任具稟陳明,批准動用,日後報銷,亦不碍於定例也。書於司書商說,現今接任未幾,應支各款,亦要逐股分晰,具稟陳請批示,方可動用,日後報銷,亦不難於牽混也。理宜稟明,裁酌示遵。如能具稟請批,祈請飭房核案。查明留支何款,動用何項,分晰數目,擬稿底式。空印紅白稟封申套,一併擲省,書收,面商房友,斟酌妥當。改正底稿,抄稟遞呈,候批遵行。所遞稟稿,賫案稽考,不致有虞。

交代各費,催討甚急,書設法付給,祈釋廑念。

平番外缺,藩臺牌委陳希洛往署。恭請升安。

七月廿日,升字十七號。

---

① 托延:即拖延。

敬禀者：月之廿一日，①肅具升字十七號蕪禀，計邀慈鑒。

交代事宜，均已清楚。應需房費、役犯口食，如數支給。迄有多日，未奉訓示，殊深系念。空印冊頁，務祈攢省，以濟急需，是取禱切。

二十九日，委署平番縣陳希洛出省赴任。藩憲牌示金縣封汝弼撤任，遺缺擬委請補碾伯縣趙文偉往署。文縣缺，委崇信縣王吉士往署。所遺崇信，委候補縣陳璠往署。謹具奉聞，恭請金安。

七月廿九日，升字十八號。

敬禀者：前月念九日，肅具升字十八號蕪禀，計邀慈鑒。

初一二日，兩奉鈞諭。印冊一本，謹領種種。秦大老爺携來文領各件尚未進省，未經收到。梁伏之案，延玩多日。明大老爺已赴中衛，發審飯食，懸擱兩空，無人應承，前任省書，推諉不管。役犯口食，每月支給一十八千六百文，耽延一天，支給一天，按日計口相食。供已定局，擬罪交監候。費無人應，案不能上。書思至再，擅敢應給飯食四兩，商催局友，趕緊具詳，過司過院，設法催迫，九月內可能回平。

茲領獲蘭州府傳催飯食公文一角，謹呈憲閱。役犯口食借領各款，俱有領條，算帳時以領為據，豈敢錯誤。祈釋錦念。來省户書，給銀八兩，遵即兑交。討具領條，日後核算為憑。驛站銀糧，各案交代，遵托各友，妥為緩辦，抽換更正。核換底冊，共計四本，已於十三日，由升字十五號禀報賫遞，諒已早登記室矣。鎮原交代，奉部飭查，書并禀陳。惟是書相距寫遠，公務要件，請示匪易，敢不竭盡心力，以副委任之至意耳。交代各費，催討迫切。案已辦結，業經咨部。書無言推諉，即在客鋪告貸開銷，以全信義。伏望鑒原。

錢糧交代，藩司房費六十兩，核冊纂修費銀一兩，謄錄字工銀四兩，院房費以及核冊二十八兩。驛站交代，臬司房費以及核冊銀十八兩，院房費銀十兩，核冊二兩。刑命交代，費銀八兩。役犯口食，按日

---

① 升字十七號具文時間在七月二十日，故二十一日或為其發文時間。

供支。解役楊有庫、袁立業等借換夏衣，支銀八兩。六月十六日，接奉諭飭賞給陳興、董梓、吳創業三人銀六兩，賞給袁立業、李榮二人銀五兩。發審房費，給銀四兩。清算交代，李書給銀八兩。夏季工食，領獲艮兩，除費外，實銀五十二兩三錢零。秋冬工食，擬呈掛領，尚未領獲。所有銀錢，出入一切，除隨時稟報外，書暫記案，待至年底，總具清摺，統祈核算，諒不有誤。

春季祭祀五十餘兩，又有站價二十餘兩，交代漏遺，未經列入。房友商議，用文申報，司文批飭，歸於報銷，日後交代，彙案列造。應領各項，遵照例議，赴司請領，勿庸提及。若要仍然動用留支，耗羨內定不敷用。心動正項，書前將情形已由十七號稟內陳明，伏望鈞裁。飭房核案，動用若干，擬具稟稿。另用白紅空印稟帖申封，由馹擲，書即持稟稿，商酌司友，改削核正，照抄稟陳，援案批示，遵批動支。不惟動用報銷有所持賴，即日後交代，亦無牽混矣。此次交代牽混報銷，需用房費，書未承認，前任張子貞已經商辦應付矣。地丁彙案，房友商說，如舊造費，恐有錯誤。照依文件，另具空印，併包擲省。書商司友，妥切呈投，不致有虞。

梁伏之案，若不商辦，今年亦不能定局結案，何日方能回平？日支口食，用之不但多出，役犯人等，得受饑寒於無既矣。發審房費，交代多費，統祈酌奪。函商前任明大老爺，如應出，早日擲省，歸还客債，免負重利，是所至禱。

曾九宮保不愿來甘，現在天津。欽憲楊聞有奏催之說。省垣各事如舊。米麥價平。銀子每兩一千五百四五十文。謹具蕪稟，恭請金安。

閏七月初四日，升字十九號。

敬稟者：月之初九日，曾具蕪稟，①諒邀鈞鑒。

---

① 據《平羅底稿簿》書例，閏七月初九日具文稟稿編號可能是二十號。

交代各案，一切公事，前經疊稟，迄已多日，未奉回諭。書深系念，是否如何，伏祈訓示，藉資遵循，而免隕越云云。謹具。
　　閏七月十四日，升字二十一號。

　　敬稟者：前具蕪稟，計邀慈鑒。
　　秦大老爺迄未晉省，轉瞬中秋，司院各房交代規費、飯食各項均皆逼迫。推至節屆，無款接濟。書處愁城，望眼欲穿。兼之天寒，供支役犯，日給口食、棉衣，一切亦且必需。來省戶書，核辦交代，亦無就緒，令人可怕。
　　交代底案以及領款動用，請示春季祭祀站價各案，想已接到。應否如何，未奉回示，殊深懸念。新聞云云。
　　閏七月廿一日，升字廿二號。

　　敬稟者：前月念八日，曾具升字二十三號蕪稟，①計邀慈鑒。
　　八月初三日，秦大老爺到省，並馹遞來，兩奉鈞諭。領解文批以及稟請准動留支稟件，均經收到，備領祗遵。請領各廉，當即投院，托房照辦，掛領飭發。應許筆規，如舊允付。此項銀兩，必至節後方能領獲。應解飯食等項，容俟領獲，即為投文，如數交納。應需解費，亦要應付。加平大耗，出入房費，無所不用。端陽節期，督藩臬署各房飯食，書皆推諉，分厘未付。茲屆中秋，俱討逼迫。書問前途開來清單，待至節下，依舊點綴，以利大公。
　　梁伏之案，拖延半年。讞局刑席，稽案未辦，尚未詳司。兼之凶鞋無着，惟恐駁詰。托友人鼎力周全，催捉趕辦，容俟如何，見效即為稟報不誤。請動留支以及領款稟件，遵即呈投，尚未到房。托商妥當，如何之處，亦即稟明。蒙古凶犯何日起解，日支口食，伏望示遵。一切案情，隨時疊稟，諒叨憲鑒。交代底案，想已到案。伏乞賜知，以

———————
① 《平羅底稿簿》未見升字二十三號稟稿。

抒懸系。

　　鎮原交代，司院房友嚴札催辦。商説至再，不知底裏，未敢應承。托其房友，暫且延擱，切勿舉動，容俟具稟，趕急請示。是否如何，即爲商辦，是所切禱。項聞云云。

　　八月初四日，升字二十四號。

　　敬稟者：月之初八日，肅具丹稟，①恭叩節喜，計邀慈鑒。

　　初一日，接到稟件，遵照封固，呈投藩憲，托房授辦。動用各款，仿照前任請示。等因。應許小費，即與初五日具稿，初八日奉批。惟如所請，節前可能飭知也。

　　臬憲印刷三連驛票，各處請領，書等議定，每張應需紙價、刷工印費、房費共銀二分。每駟請領五十張或一百張不等，應領若干，伏望示知。臬司刑房辦理援赦各處應費，尚未議定。容俟商妥，即爲稟陳。惟屆秋節，各房飯食均皆催討。書問前途，推諉不過，臨時點綴，諒不有虞。領解各款尚未辦結，容再稟聞。

　　八月初九日，升字二十六號。

　　敬稟者：月之十一日，②肅具升字二十六號蕪稟，計邀慈鑒。

　　請示批稟，業經飭發。書付給房費銀六兩。請領縣丞等官廉俸二食，節後方能領獲。屆值秋節，招審役犯，求領節賞，兼之蘭省瘟疫過大，無不泄瀉，延醫調治，藥資必需。書暫爲酌奪，每役付給銀一兩，每犯付銀五錢，先資接濟。其餘口食，按日支給。轉眼天寒，棉衣必換。伏望示遵。三憲房友均討飯食，書前稟陳明，臨時點綴。

　　項聞得寧夏蝗灾，各憲念切，札委新選慶陽府高士龍馳往寧夏，認真捕辦。所需工費，作正開報，務望趕辦是要。恭請升安。

---

① 據《平羅底稿簿》書例，八月初四日具文稟稿編號可能是二十五號。
② 升字二十六號稟稿具文時間在八月初九日，故十一日或爲其發文時間。

八月十二日，升字廿十七號。

敬稟者：節前十四日，肅具升字二十八號蕪稟，[①]計邀慈鑒。

十九日，差役王振平等押案到，並馴遞到，兩奉鈞諭，備領祇遵。請領契尾、文領呈投，需用紙價，房費每張舊規用銀三錢弍分，按張計算。書托商房友，趕緊核辦，廿四五日定能領獲。封因遞驛，呈案稽發，不致有誤。

王振平等五名押解蒙古凶犯二名甲木素、丹把丹增於十九日安抵蘭省，[3]投文聽審。應需各費，照例安排。每犯一名，皋蘭捕廳規費二兩。發審房費，送銀四兩。其餘小費，共錢二千有餘。王振平等借支墊給差等口食，每名每日准給銀八十文。計口算給，按日支給，應自九月初三日起支。惟是差等沿途辛苦，盤費罄盡，寒苦至極。一經到省，諸物俱貴，日支口食，不敷日用。店火房錢，均所不免，措手無濟。再四求乞，轉懇大老爺俯憐貧寒，恩准解差王振平等五人日支口食仍照上解，准給一百文，按日計口，具領發給。等因。是否有當，伏候訓示，祇遵支給。

藩憲批稟，准其動用。已給核發，想已到案。屆值中秋，司院各房，催討甚嚴。書竭力諉推，年底付給，內有不了。督院刑房，通融四兩。戶房兵房，各給弍兩。臬司刑房，通融四兩，援赦弍兩。惟有藩司聲聞劃扣，推至年底，相例付給。領解各款，書托商趕辦，如何情形，隨時稟陳，祈釋廑念。

茲藉營便，托捎各米壽菓棉菸弍包，代呈賞收，聊申微悃。役犯口食，按日支給，年底彙算。飭要茶簍以及眼鏡尚未取獲，容俟再便，即爲帶呈。梁伏凶器前已稟明，勢因延擱，不能過司。○商至再，[②]若不花費，恐誤其事。是以不敢擅專，謹具飛稟，問明刑房差仵人等，如

[①] 《平羅底稿簿》未見升字二十八號稟稿。
[②] 《平羅底稿簿》中，以○符號指代"書"。下同，恕不一一注明。

何實情,速即賜示,藉資遵循。

八月二十日,升字二十九號。

敬稟者:月之二十日,曾具蕪稟,諒邀慈鑒。

請領契尾,約廿六七日可能領獲,即由驛呈。鎮原交代,應否如何,伏望示遵。院官吏房討索委費,應否之處,並祈諭知,藉資遵循。領解各款,尚無成效。容俟就緒,隨時稟陳,祈聞云云。

八月廿三日,升字卅號。

敬稟者:月之念四日,①肅具升字三十號蕪稟,計邀慈鑒。

請領契尾五十張,於二十六日領獲。遵即包封,夾板驛呈,到日查收。稽案核辦,臬司援赦,設局辦開,應需各費,俱有定例。業經通蝸,托房安辦。容辦有效,即爲稟陳。

藩司房科,討索飯食。許多滯碍,領解各疑,尚未領出。擬即當堂,隨時呈解,免其往返,加平補水,亦不贅也。

王振平等日支口食費用銀錢,書暫借給,以濟急公。如何支給,伏候示遵。謹具飛稟,驛呈契尾。恭請金安。

八月廿六日,升字卅一號。

敬稟者:前月廿八日,肅具升字三十二號蕪稟,②計邀慈鑒。

三十、初一日,兩奉鈞示,備領一切。秋季工食,業經領獲。節前接濟各官養俸、工食等項,現已投案,托辦請領。書商房友當堂呈解,應數若干,銷案飭知,以免牽混小費之需。寄來文批,勿須呈投。容俟辦妥,餘領若干,呈解多少,即爲稟陳。院房飯食,遵數呈解,俟批扯獲,亦即繳呈。發審飯食,定要四兩。寄來文批,卑已呈投。容俟

---

① 升字三十號稟稿具文時間在八月二十三日,故二十四日或爲其發文時間。
② 《平羅底稿簿》未見升字三十二號稟稿。

添足扯獲批回，再爲禀陳。

　　蒙古之案，連過三堂，已畫荒供。梁伏凶器，阻延多日。書托商房友，許應筆貲，赶急婉承。迄有多日，未奉訓諭。應否如何，尤祈速示，恪遵辦理。臬司赦案，數局開辦，每犯一案，紙價一兩。局差公費，量予酌給。寄來文件，解艮五兩。遵商呈解外，給局差公費三兩。至於刑書，若要應費，字工僱價，每案一兩，照案計付。書商局友，通融六兩。暫僱接濟，餘俟辦結，照案算給，不致有虞。教場軍地，業經欽憲咨商將軍，查明情刑，如何回覆，再行批飭。

　　書托營便，帶呈米菓水菸，想已抵平。伏望賞收，聊申微悃。夏大老爺月之初二日由京旋省，托帶之物，尚未討來。張大老爺處茶葉二甬，丁大老爺處眼晶一副，①均已取獲，容托有便，即爲帶呈。契尾五十張，業已領獲，前於八月二十六日，由三十二號禀遞，②此時想已到案矣。

　　曾九宮保復奏准假，又是三月春初方能來甘。左中堂擬欲回南，不知如何轉婉也。謹具飛禀，恭請升安。

　　九月初二日，升字三十三號。

　　敬禀者：月之初三日，曾具草禀，③諒邀慈鑒。

　　頃聞寧夏府海，因爲蝗災，前月廿九日欽憲具奏"玩視民瘼，暫行開缺，送部引見"之說，坐補肅州續增，由京進省。

　　赦局公費、紙價一切，前禀陳明。司友云及岷州徒犯趙吳、代成到配半年，收管未到，不能出咨。刑命案件，俱有限期，若再延緩，有干部議。軍犯馬元、馬天元催討紙價，應否付給，伏望示祇遵。

　　請領養廉工食等銀百餘兩，昨已領獲。除扣解款外，交過餘剩無

---

① 眼晶：即眼鏡。
② 據前文，八月二十六日具文的是升字三十一號，而非三十二號。
③ 《平羅底稿簿》九月初二日具文升字三十三號禀稿，初五日具文升字三十四號禀稿，兩號相連，初三日不可能再另具禀稿。故九月初三日或爲三十三號禀稿的發文時間。

幾。役犯口食，日計必需，百般拮據。久邀洞悉，務祈垂愛，籌畫擲省，接濟急用，是爲至要。需用長短，年底彙算，祈釋廑念。

鎮原交代，催辦逼迫，前稟陳明。各房飯食，紛紛催逼，應付之處，望祈賜示。新聞云云。

九月初五日，升字三十四號。

敬稟者：月之十二日，肅具蕪稟，①計邀慈鑒。

初十日，劉爺到蘭，奉示一切，遵即照辦。三連馴票，業已領獲式百張。每張紙價，需費二分，共艮四兩。投領各費，用錢八百文，合艮五錢。購買各物價艮錢款，書墊添艮三兩八錢。各處什物，俱已取回，另開清單點交。刘爺擬十八日自省起身，代呈查收。

鎮原交代，托商各友，撥歸總局。歷任交代，統籠核辦應需費、房費。書已允承，無論多寡，容俟辦竣，該長或短，再爲付給，方不致誤。

梁伏之案，因爲凶器，滯礙多日，婉説房班，應付小費，即於十二日府堂畫供，十月內臬司過堂，冬月過院，即日回平。蒙古之案，甫經初供，尚無日期。役犯口食，月支甚鉅，墊辦一切，每日拮據。各房飯食，少則點綴，多推年底，伏望電憐，籌款接急，是所切禱。新聞云云。

九月十七日，升字三十六號。

敬稟者：月之十八日，肅具蕪稟。②

并買各物，劉爺代呈，諒邀鈞鑒。二十日，接奉諭示，備領祇遵。

差役王振平等於八月十九日到省，支給口食。遵自九月初二日爲始，按日發給，每日准給錢八文。緣王振平等乞求至再，又云臨行時大老爺面示，"信已封固，小心赴省。諭令省書，照依前案差役楊有庫日支百文，犯人八十文，每案五差，以及犯人照前准給十日，領去錢

---

① 據《平羅底稿簿》書例，九月十二日具文稟稿編號可能是三十五號。

② 《平羅底稿簿》九月十七日具文升字三十六號稟稿，二十日具文升字三十七號稟稿，兩號相連，十八日不可能再另具稟稿。故九月十八日或爲三十六號稟稿的發文時間。

六千弍百文,按旬支給。設有錯誤,伊等領咎"。書見苦寒,即照前案支給。兹奉諭示,每差每人准錢八十文,每犯每日准錢六十文。自此以後,按日遵給,不致有誤。

　　鎮原交代,書已托辦妥當。應費方不有虞,前稟陳明。招審張正尚未抵省,實深悵悵。每案每日支給口食錢六百弍十文,三案合總,共支錢一千八百六十文。每月需銀約在三兩。夏初至今,收領實銀弍百五六十兩。支給口食百五六十兩,交代房費解款需用約在三百,借貸百兩,約共需銀六百數十兩之多,核共收銀弍百五十兩之譜。除收過外,書之墊款約在四百有奇。役犯口食,按日支給,刻難寬待。省城情況,書之拮據,久邀電鑒。書挖肉補瘡,真難稟瀆,冬季工擬領接急。

　　頃聞日昨藩憲批示稿飛各房,傳扣飯食一切項。書查前途,藩司各房每季飯食四五十金,通盤計算,百兩之外。冬季工食,全數領獲五六十兩。似此傳扣,必然不敷所扣之項。藩憲飭知,毫不敢違。使書悚慄,百事逼迫。役犯口食,紛紛按日相食,勢處危切,謹具苦稟。叩懇恩施,籌款擲省,藉救眉急,以濟急公,實沾德便。歷任交代,辦就數案,尚有五任,均有頭緒,小陽方能辦結。謹稟。

　　九月二十日,升字三十七號。

　　敬稟者:日昨曾具蕪稟,①諒邀慈鑒。

　　冬季工食,偶蒙藩憲批示,各房傳扣飯食,餘數扣完,僅留實銀貳兩有奇。各項需用,日支口食,逼迫甚嚴。書日負芒刺,仰而號天,無處伸訴。一切細情,諒叨電閱。督院臬司,各書飯食,何處坐扣? 徒喚奈何,令人長嘆,伏望原宥。所扣之項,藩檄飭知,毫無錯誤。餘剩貳兩,念九日方能領獲。容俟領獲,扣過細帳,再稟陳報。

　　九月二十六日,升字三十九號。

---

① 據《平羅底稿簿》書例,九月二十五日具文稟稿編號可能是三十八號。

敬禀者：月之廿六日，肅具升字三十九號蕪禀，[4]計邀慈鑒。

鎮原交代，托辦結局，書說妥切，即付院房費銀六兩，司房費銀四兩，交代局書四兩，自此結案，彙咨了事。

梁伏之案，讞局詳司，十月初旬臬憲過堂。書托房友，趕辦詳院，長至節前，約能起身。蒙古之案，書托各友，趕急催辦，應許小費，年内定能起身。張正之案，尚未解到。日支口食，令人害怕。每日八十文，遵給供支。冬季工食，藩司飯食全數扣完，僅領弍兩。書心焦急，前已叠陳，諒邀電閲。伏懇憫憐，籌劃現款，早日擲省。無論多寡，接濟眉急。恭請升安。新聞。[5]

九月廿九日，升字四拾號。

敬禀者：月杪，肅具蕪禀，①計邀慈鑒。

初一日，西寧道鄧大人奉院委飭回本任，擬於望後出省之說。平慶涇固化道鄭大人錫敞由京到省，初二日補用。道易大人孔昭奉院委署理安肅道篆務，兼嘉峪關監督事。學院改於初八日出省考試。甘、凉、肅州等處候補直隸州石本清接奉中堂左札，調兩江，聽候差委。軍裝局事委知縣劉安楚接管。

梁伏之案，臬司過堂，詎於日昨，督憲批駁傷痕不合，兼無凶器。書趕托讞局，援辦復詳。似此延玩，又是月餘，無法之至。平凉縣陳延芬不願赴任，因公告退，已經允准，另委他人之説。謹具飛禀。恭請金安。

十月初二日，升字四十二號。

敬禀者：月之初二日，肅具升字四十二號蕪禀，計邀慈鑒。

冬季工食九十二兩七錢七分五厘，内扣減平五兩五錢六分六厘。藩司各房一次飯食共艮八十四兩五錢四分五厘，院房新疆紙劄扣艮

---

① 據《平羅底稿簿》書例，九月三十日具文禀稿編號可能是四十一號。

六錢五分外,實發現艮二兩一分四厘。於月初六日藩司堂發,當即領獲。一切細情,前已應陳。

張正之案,迄未解到。梁伏之案,復又院駁,傷痕不合。書托讞局官吏各友,趕急援辦復訊,詳司過院回平。蒙古之案,書托趕辦。役等口食,日支八十文,犯人日支六十文,按日計發,再未多給,且有領條,年底憑算。惟是書拮據萬狀,墊款甚鉅,諸凡掣肘。望乞電憐,籌濟是禱。謹具蕪禀,恭請金安。

十月初六日,升字四十三號。

敬禀者：月之初七日,①肅具升字四十三號蕪禀,計邀慈鑒。

初十日,接奉鈞諭以及文批,備領祇遵,當即呈投。張正役犯均於十二日安抵省垣,交縣收獄。梁伏之案,欽憲批駁,書甚惶悚。托商各友,鼎力援辦,約於望後讞局過堂,詳伏臬憲,過司詳院,百般滯礙,實深悵悵。書商催趕辦,妥速爲妙。即與臬司、讞局兩處書差公送茶資銀六兩,免要凶器,吹毛求疵,以杜其弊。倘或嫌少,加增一二。蒙古之案,書亦托讞書幕趕緊援辦,應許潤筆,如同梁伏,過司過院,早回平羅。從豐呈送,決不失信。勞人傷財,真難細述。若不播弄,今年萬不能結案。讞局招審集案如雲,長途迢迢,請示非易。擅專之咎,伏望鑒原。

惟是書拮據萬狀,挖肉補瘡,街道清苦,久邀電悉。不惟公事墊支無力,月給口食五六十串,近日銀價一千四百五六十文,約在足平,若不憐念,籌款接濟,實屬力有不逮。謹將書經手過出入一切銀錢細帳,逐股分晰,開具實在細數清摺,伏呈閱核。

差役楊有庫等日支百文,四月爲始,領至十月。奉諭之日,改領八十文。王振平等九月口食亦領百文,十月爲始,准給八十,俱有領條,案結彙算。張正役犯,遵照八十文如數日給。歷任交代,業已辦

---

① 升字四十三號禀稿具文時間是十月初六日,初七日或爲其發文時間。

起，大有成效。現在傳房核案較對，冬月初旬定然回平。迤軍冊案，通省同辦。書商房友，就近核賚，省中有冊，應造如何，具呈底稿，稟案備考。

中堂左未出京，制軍譚起身來甘之信。恭請金安。京報一本，並清摺一扣。

十月十二日，升字肆十肆號。發。

敬稟者：月之十四日，肅具升字四十五號蕪稟，①以及張摺，計邀慈鑒。

委署寧夏府徐定於十八日出省赴任。直隸州石本清稟辭回籍。直隸州姚定塞由陝西來省，歸班候補。典史王寶賢改"代"爲"署"，不日即能發委也。張正之案業已到省，梁伏案駁，甲木素等，共是三案役犯口食，日日必需，實難支持。書日處窮城，望眼頻穿。其徒費勞人傷財，實深悵悵。管窺之見，訓示祗遵。謹具稟聞，恭請金升。

奈何！奈何！嗣後有案，務望不棄。如何供詞，馳郵寄書，有望辦免。

十月十六日，升字四十六號。

敬稟者：月之念三日，接奉鈞諭，備領祗遵。即往茶號，持信面呈。李老爺寶林當即慨允，約定冬月初二日如數兌領。理宜謹遵，曷敢無厭。惟是省垣需用浩繁，月在半百。兹領百金，一經兩月，仍復告竣。前墊各款，不惟負利不起，商鋪逼迫甚嚴，不得已謹具清摺馳陳，計邀慈覽。籌劃之處，訓示祗遵。

戶書李等核辦交代，略已就緒，冬月定能回平。梁伏、甲木素并案過審，節後均能過司。恭請升安。新聞。

十月二十四日，升字肆十八號。

---

① 《平羅底稿簿》未見升字四十五號稟稿。

敬稟者：月之初一日，肅具蕪稟，①計邀慈鑒。

李老爺之艮遵於初一日申刻領獲，新鑄私腰，其色甚次。每兩換錢一千三百四五十文，接濟口食，杯水車薪。一經開銷，仍復拮據。務望電核，設法籌寄，不惟救急，免負重利，是所禱切。

初二日，藩憲牌示涇州直隸州缺以靈州孫承弼升補。譚制軍已於九月十一日自南起節，選派巡捕戈什馳陝迎接。謹具蕪稟，恭請金安。

冬月初三日，升字五十一號。

敬稟者：月之初六日，肅具升字五十二號蕪稟，②計邀慈鑒。

初八日，接奉鈞諭，備領祇遵。茶號百金，業已收過，出具收字，早稟陳明。呈解報資，以及履冊房費容商，當即如文解，不敢違誤。謹具蕪稟，恭請升安。

冬月初十日，升字五十三號。

敬稟者：月之念一日，肅具蕪稟，③計邀慈鑒。

廿四日，前任捕廳王昭吉進省，[6]別無異詞，省城謠言，未悉何故，議論沸騰，並無文據，無碍於事。祈釋憲慎。

梁伏、蒙古、張正三案俱已定案，讞局邵幕患病不辦，令人焦灼。謹具事聞，恭請金安。

冬月廿五日，升字五十四號。

敬稟者：月之初九日，接奉鈞諭，備領祇遵。

各役俸工文領，當即呈投，托房赴辦。未悉年內可能領出，接濟

---

① 據《平羅底稿簿》書例，冬月初一日具文稟稿編號可能是四十九號或五十號。
② 《平羅底稿簿》未見升字五十二號稟稿。
③ 《平羅底稿簿》冬月初十日具文升字五十三號稟稿，二十五日具文升字五十四號稟稿，兩號相連，二十一日不可能再另具稟稿。故冬月二十一日或爲五十三號稟稿的發文時間。

燃眉之急。梁伏之案,復經具詳,年内定然過院。其餘之案,約計明春。書前於五月廿四日奉丁大老爺之艮,書實忘托,遵即送交,告知其情。諭飭交差役陳興、董梓、吳創業三人錢十兩,袁立業、李榮二人錢五兩,共銀十五兩。借領夏衣錢八兩。其餘之外人犯進監借給數兩,別無准支。馹站、刑命二案交代,各處均有需用,花費各有不同,並無捏添。等因。屆值中秋,司院各書均計飯食,若不應訓,遇事滯碍,全數應付,如數甚鉅,點綴數金,通融些微。其餘需項,競競業業,不敢過費。

盛京逖軍,處處無案,不過催要費艮而已,遵即止之。臬司刑書,屆值年底,討索比規。董案義紙價、飯食各項,藩司各書飯食已扣,課程料書稅飯食一十六兩,催討甚急。照所設局,年歲履歷、紙價、局費、出票、差催一切各款,應否之處,鴻裁示遵。連三票要去領費,遵即要回。書奉訓諭,惶悚交集。捫心自問,愧曷可及。實無所欺,謹具冒陳。伏祈鑒原,是所叩禱。迢迢長途,請訓匪易,令人悵悵。恭請升安。

臘月十一日,升字六十號。

光緒八年(1882)[①]

敬稟者:月初,憲駕莅省,伺侍簡慢,書深抱愧。諭令事宜,遵即照辦,不敢誤違。謹將印紅契尾廿張印出領獲,除交解契稅銀二兩九錢二分二厘外,墊付房費内費每張銀錢半,共銀三兩。藩憲札委照磨設局、出票差提,各處省與造册核辦有無事故之案,每處解文局官經費艮四兩,局長飯食六兩,局差二兩,逐日嚴催,賜示祇遵。

兹藉胡爺吉便,遵將領獲印紅契尾廿張交銀解批,共計五張。呈投臬司減等紙價原文一角,梁伏、甲木素讞局紙價原文二角。呈投藩司交代經費原文一角,封角紙價原文一角。共文五角,均經面交,至

---

① 《平羅底稿簿》原無此標題,整理者擬加。

日代呈。原文各項，均已付給。如有札要，惟書是問。憲案查考外，尚有院房税務飯食。臬司甲木素紙價二案未經説妥，容俟交過，即當禀繳。

省城諸事，甫經開印，全未舉動。督憲牌示肅州鎮周紹濂即赴新任，西寧道鄧十九日進省。藩憲牌示西固州同缺委通判文詳往署，欽憲已於廿日上任。譚督憲札委甘涼道鉄大人審訊王夢熊之案。謹具恭請。升安。並呈印契尾廿張，解批五張，原文五角。升安。[7]

正月廿二日，升字三號。交胡爺代呈。

敬禀者：月之初八日，肅具蕪禀，①計邀慈鑒。

初九日，督同司道，會商補缺。書聞之，即托各友，極力安置。初十日晨，藩憲要案。是日申刻，牌示禮縣缺，以大挑知縣雷文淵請補。徽縣缺，以我大老爺請補。謹具飛報，恭叩鴻喜。需用規費，書酌量應付，不致有誤。惟京信最要，望早寄囑，是所切禱。

户書李等交代造結，擬定十一二日自省起程。謹具喜禀，敬請升安。

二月初十日，升字八號。

敬禀者：②梁伏之案，業已告竣。初十日早辰，提禁起解。因過差過境，需車在即。耽延二日，定於十二日由省起身。沿途口食，差役具領四十天，共錢二十千八百文。又領去開籠扯批錢二千文。甲木素病故，撤退差役二名，領去廿天口食錢三千弍百文。該役云稱，至日面陳，不致有誤。錢穀報銷，業經辦妥。補缺房費，前禀陳明。

譚制軍聞於日昨專摺具奏，托録摺稿，尚未抄出。容俟到手，即當飛禀。並呈京報乙本。

---

① 二月初八具文禀稿編號不詳。據《平羅底稿簿》一般一天秖具文一篇禀稿的特點，編號或爲七號。

② 升字十四號禀稿和下文升字十五號禀稿首句"敬禀者"三字的天頭處，均有"平羅"二字。

三月初十日，升字十四號。

敬稟者：初十日，肅具升字十四號蕪稟，計邀慈鑒。

春季工食銀八十七兩零，遵托院房照案飭三月初八日到司，托房核發，詎意領款之内，藩憲飭房查扣交代清册字工并七年一歲米糧時估字工共銀六十七兩零。院書辦理新疆剳字工銀六錢五分外，净剩實銀廿三兩五錢五分九厘。祗領之次，逼迫交集。客債紛紛，以書失信，催討甚急，愈加焦灼。兼之街道嚴禁小錢頂高紋銀，每兩換錢一千一二百文。凡有色銀，全行鍊銷。清苦之狀，真難稟瀆。

目前梁伏役犯等自省起身，需用川資三十餘千。書三分利息告貸無出，盡典衣物，方令動身。各房規費，書能應承。耽代幾日，各役犯口食，按相食，何言推諉，使書愁城日坐，諒在電鑒。差役王正平刻日回平，一切情形，傳問備悉。謹具懇稟，叩祈恩施，格外念切。大公計自去歲至夏，用過口食各項銀兩，全數賞發，接濟涸鮒，而於公事大有裨益。得覩二天，則不獨書等已也。一切公私，無不滯礙。謹具蕪字，恭請升安。

三月十二日，升字十五號。

敬稟者：月之十二日，肅具蕪稟，諒邀慈鑒。

鞏秦階道譚、鞏昌府顔、平涼府廖、金縣趙、狄道州奎、撫彝廳杜、渭源縣黄、碾伯姚、隆德縣李、寧夏縣張、鎮番縣陳、前署秦州王鎮埇，均於日前後，進省叩壽。藩臬司道、現在任内各道府廳以及州縣，公做壽屏、對聯、壽禮等物。首府縣率鎮公祝，照依舊例，備具門包四十兩，巡補官禮六兩八錢，以及小費隨封各項，即於十七日擡送院署稟明，制憲驗收壽屏、對聯二色。餘物金璧所有，各官藉其公送，再未□具禮物餽祝之動。書托告府縣，當蒙盻示。現任州縣，屏對聯名，均在其内，已於初旬專函公。致需用多寡，照數分攤，再爲交收。謹將公送過制憲壽禮，各色抄録呈閲。費用銀數，應攤若干，再爲稟陳。

梁伏起解案內，朱姓未奉，梟飭不能起解。僅發班捕，書托梟司刑書，另具札稿，飭知首縣，方能起解。應許小費，容俟札飭，即當稟陳。謹具稟陳，恭請升安。伏乞垂鑒，書桂森謹稟。

三月十七日，升字十六號。三月十八。[8]

敬稟者：十七日，接奉鈞諭，備領一切。

院房飯食，原有定章。每年兩班，換班接替。冬春一班，夏秋一班，所需飯食，每逢季下，按季付給。光緒元年，中堂議定，院內戶房，上缺八兩，中缺六兩，次缺四兩。工房稅務，工程飯食，戶房相似。兵刑兩房，上缺六兩，中缺四兩，次缺二三兩。去歲秋月，換班在即。夏秋二季，應需飯食，催討甚嚴。△推諉不過，①通融數金，暫爲接濟。冬春二季，十月換班，年底索討。△因拮據，未及交給。兼之制臺初經涖任，作主嚴催。今春正月，父臺晉省，△將原情，備細陳明，當蒙面諭。嗣後需款，用文申解，以免疏虞。等因。遵此。藩書飯食，業經坐扣，飭知公文，想已到案。梟書飯食，仍用文催，紛紛催討。若再推延，遇事滯礙。若用文交，門印、押簽分使一半。因此私給少付一二，兩有裨益。謹具瀝陳，敬呈奏稿。照抄一分，遵呈葉寓。恭叩喜安。

三月十八日，升字十九號。

敬稟者：月之二十日，肅具升字二十號蕪稟，②計邀慈鑒。

廿三日，接奉鈞諭，備領種種。司院吏房所需費，遵照辦妥，前稟陳明。應給銀兩，書即墊付。錢糧報銷需費，念四業經辦好。付給時少付三，再爲稟陳。朱大頭之案，書托房友，另具札稿，飭縣起解。若俟部文，又是半年，口食不少矣。

---

① 《平羅底稿簿》中，以△符號指代"書"。下同，恕不一一注明。
② 《平羅底稿簿》未見升字二十號稟稿。

臬憲札文,已經到縣,月初可能動身。惟計此案耽延二十餘天,日支口食又在五六千文。請領工食,除扣項外,實剩銀二十三兩零,方於二十六日領獲。一經掛牌,債戶紛紛。不論多寡,祇是逼迫。書無言而答,有口亦難辦矣。一切細情,諒叨電鑒。伏望尊裁,竚候諭示。

且巴旦曾之案,書托讞局詳院請示,尚未奉批。張正之案,連日提審,尚無定供。錦具稟聞,恭請升安,伏乞垂鑒。

月之二十日,謹具蕪稟,計邀慈鑒。二十三日,鞏秦階道譚回任。藩憲牌示,靈州吏目趙天任飭回本任。二十四日,鞏昌府顏回任。餘無新事。謹具稟聞,恭請升安。伏祈。

三月二十□日,[9]升字廿一號。

三月二十五日。①

敬稟者:月前廿五日,曾具升字廿八號蕪稟,②計邀慈鑒。卅日,接奉鈞諭,備領祇遵。

秋審人犯馬佃元、達水娃紙價文批,遵即呈投臬司房友,按依舊例,每犯六兩,共乙十二兩。今解四兩,當短八兩。應否如何,訓示祇遵。

節屆端陽,各書飯食,酌量通融。討取收帖,算帳繳銷。地丁奏銷,業經辦准。司房費銀乙十四兩,院房費銀八兩,以此了事,當即付給。易換銀價,均有時估,豈能隱瞞。大行大市,曷敢揑詞,自取咎戾,望祈電鑒。設有揑報,甘心領咎。

現時艮價,每兩總錢一千三百二三十文。明大老爺擬於節後出省來寧,尚未定有准期。馬讓之案,書托友人業已辦定,勿致調省。

----

① 據《平羅底稿簿》書例,此六字後當有稟稿編號。
② 《平羅底稿簿》未見四月二十五日具文的升字二十八號稟稿。

應許筆資,如何安置,尤望示遵。旦巴旦曾、張正役犯口食,按日支給。何日交卸,伏乞早示,免其轇轕,是爲至禱。

五月初一日,升字廿九號。

【校勘記】

[1] 動:原作"勳",據前文及文意改。
[2] 扁:據前文及文意,疑當作"篇"。
[3] 丹把丹增:《平羅底稿簿》後文又作"旦巴旦曾"。
[4] 九:原作"八"。據九月二十六日具文稟稿編號改。
[5] 新聞:據本底稿簿書例,此二字後疑脱"云云"二字。
[6] 慈鑒廿四日前任捕廳王昭吉:此一行十二字原在下文"議論沸騰"之"沸"字後。據《平羅底稿簿》書例及文意改。
[7] 安:此字原脱,據《平羅底稿簿》書例補。
[8] 據《平羅底稿簿》書例,"三月十八"四字疑衍。或"三月十八"四字下脱"發"字。
[9] 二十□日:此四字原脱,據《平羅底稿簿》書例補。按,據本稟稿提及的時間,其發文時間當在三月二十六日後。

化平廳草簿

〔清〕宋樹森、宋克用 撰　　胡玉冰 等校注

校 注 説 明

《化平廳草簿》不分卷,寫本,未署作者名,今藏國家圖書館。

化平廳,清朝設置,今屬寧夏。據《〔民國〕化平縣志》卷一《輿地志·沿革》等文獻記載,化平在秦時屬北地郡,漢末迄晋時均屬安定郡。隋煬帝大業初屬隴州。唐代宗大曆八年(773)又隸義寧軍。宋初置安化縣,屬渭州(今甘肅省平涼市);神宗熙寧五年(1072)廢原州制勝關,移縣於關,地仍屬渭州,以其地爲安化鎮。金初因之,世宗大定七年(1167)改爲化平縣,屬平涼府。元并化平縣入華亭縣。明朝屬華亭縣。《清實録·穆宗同治皇帝實録》卷三〇四載,同治十年(1871)二月壬戌,從左宗棠之請,添設化平川直隸廳(簡稱"化平廳")通判、化平營都司。同書卷三三一載,同治十一年(1872)四月辛酉,從左宗棠之請,定新設甘肅化平廳通判爲"繁""疲""難"三字要缺,化平營都司爲題缺,並添設訓導、照磨、外委各一員。1913年,改化平廳爲化平縣。新中國成立後,1950年改化平縣爲涇源縣,屬甘肅省。1958年,改屬寧夏至今。

有關化平廳的專書或專題文獻資料不多,傳世者主要有《化平直隸撫民廳遵章採訪編輯全帙》《〔民國〕化平縣志》《化平縣採訪録》及《化平廳草簿》等。據研究,《化平廳草簿》作者當爲光緒時期甘肅"省友"宋樹森、宋克用父子,該檔案是宋樹森、宋克用父子以私人身份禀報州縣省務的底稿。"'省友'係'坐省家人'的别稱,多由有書吏背景者、長隨家人或佐雜差役人等充任,常年株守省城,溝通督撫部院、藩臬二司各房書吏,爲州縣探聽信息,包攬州縣交代、錢糧領解、投文解犯、刑命案獄等事務。他們既是州縣的辦事熟手,又是藩臬二司匯辦年例錢糧奏銷與赦案時的傳催對象,在地方行政機構運作中起着居間協調作用。'省友'之所以能夠長期存在,屢禁而不革,除却各府廳州縣距省寫遠、通訊技術條件有限等客觀因素,更與帝制中國高度集權體制和'小政府'型的統治模式有着密切關係。"①

《化平廳草簿》主要輯錄匯編宋氏父子光緒十二年(1886)至光緒十七年(1891)六年間具文的禀稿,據編號推知這批禀稿至少有二百三十四件,錄存一百四十三件,②未錄九十一件。另錄光緒十六年(1890)六月二十日致化平王爺次山書信一封,光緒十七年(1891)四月十四日致張仲武書信一封。具體如下:

所編光緒十二年(1886)禀稿,其具體的具文時間自冬月二十五日起,至十二月十九日止。編號至五號,兩件禀稿未見,包括二號、三號。

所編光緒十三年(1887)禀稿,其具體的具文時間自正月初十日起,至臘月二十六日止,編號至六十二號。共錄禀稿三十八件(其中二號、八號各含兩件,未單獨編號)。二十六個編號的禀稿未見,包括一號、三號、五號、十號、十三號、十五號、十七號、十八號、二十一號、二十三號、二十四號、二十六號、二十九號至三十二號、三十五號、四十六號、四十九號、五十二號、五十三號、五十六號、五十七號、五十八號、五十九號、六十一號。十九號禀稿缺時間落款,疑爲三月某日。三件四月份具文的禀稿未按時間順序編排,以"又"字標識其爲補充編排的,分別是初一具文的二十五號,十一日具文的二十七號,十七日具文的二十八號。

所編光緒十四年(1888)最後一件禀稿的編號不詳,據編號推知至少五十三件。錄存二十八件,其中十一件有編號,兩件注明"不列號",十五件僅有時間落款和"升字號"字樣,但"字""號"二字間爲空格,無具體編號。注明編號的禀稿有二號、七號、九號、十二號、十五號、十六號、十七號、十八號、二十九號、三十五號、三十九號。其中,十八號與二十九號間僅錄一件禀稿,缺編號;三十五號至三十九號間僅錄兩件禀稿,缺編號;三十九號之後,連續五件禀稿缺編號,其後順次接排"不列號"禀稿一件、缺編號禀稿一件、"不列號"禀稿一件,其後連續六件禀稿均缺編號。

所編光緒十五年(1889)禀稿,其具體的具文時間自正月初八日起,至十二月二十五日止,至少四十四件。其中有升字編號者爲二號、四號、十五號、十六

---

① 裴丹青:《清代"省友"初探》,《"中央研究院"近代史研究所集刊》第88期,2015年6月,第55頁。
② 光緒十三年(1887)禀稿二號、八號各含兩件,兩件都共用一個編號。《化平廳草簿》實際錄存禀稿一百四十五件。

校注説明　　157

號共四件，其餘均無具體編號。《化平廳草簿》錄存了三十六件，八件無錄文。

　　所編光緒十六年（1890）稟稿，其具體的具文時間自正月十二日起，十二月二十九日止，有編號者爲三十三號、三十八號。三十八號後共有五件稟稿，按其編號順序，光緒十六年稟稿至少當有四十三件。《化平廳草簿》錄存二十四件，其中二十二件無具體編號。未錄十九件。另錄六月二十日致化平王爺次山書信一封。

　　所編光緒十七年（1891）稟稿，其具體的具文時間自正月初七日起，七月十三日止，共二十七件。錄存十六件。十一件稟稿未錄，包括一號、三號、七號、十號、十二號、十九號、二十號、二十二號、二十三號、二十五號、二十六號。四月十四日升字十四號稟稿後附同時致張仲武書信一封。

　　《化平廳草簿》係國家圖書館藏光緒七年（1881）至二十八年（1902）間甘肅"省友"系列稟稿之一，這批以"草簿""底簿""草稿簿""底稿簿"等爲題名的稟稿檔案，是研究清代甘肅基層行政機構運作機制的重要史料，更是研究清代"省友"問題最直接的史料，因而具有較高的整理研究價值。全國圖書館文獻縮微複製中心2005年出版的《清代（未刊）上諭奏疏公牘電文彙編》集中刊布了這批稟稿，迄今未見點校類整理成果問世。

　　本次整理《化平廳草簿》，以《清代（未刊）上諭奏疏公牘電文彙編》影印本爲底本，校注以其他歷史文獻。主要有如下作法：

　　一、爲便於利用，對稟稿進行了適當的分段。脚注表示注釋的内容，校勘記附于卷尾。

　　二、爲保持文獻原貌，原稟稿中有特殊作用的△、○等符號予以保留，并脚注説明。

　　三、《化平廳草簿》稟稿編號一般用"升字某號"和"升字第某號"兩種形式表示。表示編號順序的數目字"某"寫法不固定，大部份用漢語數目字"一""二""十""二十""三十"之類，但也有將"一"寫作"元"、"二十"寫作"廿"、"三十"寫作"卅"的寫法。其多數稟稿編號不詳，僅有"升字號""升字第號"字樣，甚至無任何字樣。因編號數目字寫法不固定，有時無法判斷其"字""號"之間、"第""號"之間共有幾個字，故整理時，凡此類情况，均祇加一個"□"，作"升字□號"，并脚注説明。

　　王婧哲、田清、丁卓源、牛露露、郭婉瑩等人亦參與了本書的整理工作。

化平廳草簿

光緒拾貳年冬月吉日志[①]

過清化平廳草簿

敬稟者：金城趨侍，愧伺應之未周；玉肩揆違，實贍依之倍切。福星一路，鎮日五中。

恭維父台大人，吉座允升，新猷式煥。沛下車之膏澤四野，蒙府布及時之殊恩。萬姓樂利，寵承紫陛，頌切丹忱。晚碌碌庸材，毫無知識，謬荷垂青，委理省務。自當矢勤矢慎，源遞稟報，以冀少答鴻慈于萬一耳。專肅寸稟，恭叩大禧，敬請升安。伏乞□呈□□□台謹□。

冬月廿五日，升字第元號。

敬稟者：交代冊結，何日詳賫？請飭書仿照冊式簽印冊頁五六十本，早有遞書，以備舛錯，就近繕更，而免致詰往返遲延逾限之虞。

齊姓之案，昨已收獄，按照強婚，擬辦徒罪，業經詳司。書商房友，無關緊要。幸於明春喜逢大赦，約期來冬，即能了結。頃聞涇州胡顏冬因病作古。別無新事。具稟。恭請金安。

十二月十六日，升字四號。[1]

---

① 所編光緒十二年(1886)稟稿，其具體的具文時間自冬月二十五日起，至十二月十九日止。編號至五號，兩件稟稿未見，包括二號、三號。

敬稟者：青海大臣李□十七日在省設奠，擬于念日出省，北上回旂。穿孝百日期滿，仍回本任。各處奠儀，派人候收。應否致送，伏候示遵。

十二月十九日，升字五號。

光緒十三年新正吉日立[2]

敬稟者：新正初八日，連奉鈞諭，備聆種種。捧誦之下，銘感世既。劉君事宜，荷蒙垂青，並貴同鄉諸君極力舉荐，已邀錄用。屢沐鴻慈，容圖報答。請領各項，遵即繕投，托房趕辦。各處需款，俟銀領獲，安置妥善，縷細稟陳。交代請示，業經到司，遵托細核領款數目，錯少無幾，惟有應解攤款銀九兩有奇，書托司房逐細行知，約于望後可能簽發，念間定能到案也。

惟是交代例限綦嚴，兼之近來各處造賫交代冊籍多有不合，一經駁更，往返逾限，獲咎非輕。書商房友，抄錄冊式，行文馳遞，何日接到，請□房書，仿照造賫，以免舛錯，駁詰遲延。冊造尾數稍有不合，祈賜印冊，就近抽換，諒不有虞。前任交款如有拖延，請即具稟，領解各項，歸伊清厘，免受其累。應否有當，伏望裁奪，訓示祗遵。謹稟。恭請金安。

正月初十日，升字二號。

附稟者：李欽憲業於新正初二日出省北上，各處奠儀，派人駐省聽候兌收。餽送之項，應否送給，伏候示遵。書又稟。

正月初十日。

敬稟者：驛站交代，由道核轉，業經到司。遵托房友，照案援核，速爲詳院，以顧例限。錢糧請示。遵前經批示，諒已鑒及。

前任銀兩是否接清交代，冊結何日出詳，請早示知。並祈賜寄印頁數十本，以備舛錯更換之需。各案規費共需若干，請詢前任，賜示遵循,以免隕越,是所切禱。請領銀兩,甫經開印,積案如鱗,托房趕辦,中和望前,約能核發。一俟領清,安置一切,不敢延誤。謹具。恭請升安。

新正月廿六日,升字四號。

敬稟者:馹站交代,托辦妥善,業經送部。錢糧册結,例限已逾,請速彙辦,趕緊詳賫。如有窒碍,即爲稟揭,免負處分。部銀綦嚴,萬勿延誤,是所切要。尤祈賜寄印頁數十本,以備更換,庶免駁詰遲延是禱。謹具。恭請升安。

二月初三日,升字六號。

計開:買湖茶弍斤,銀八錢。藍油布一尺,銀三分。買大山紙弍百張,銀弍錢七分。大小洋廣針六包,共銀三錢七分。買南箋一百張,銀六分。葷苤一斤,板梨二斤,共銀四錢。以上共用銀一兩九錢三分。敝處墊付,望祈記檔是禱。

二月十六日,升字七號。[3]

敬稟者:前具蕪稟,計邀慈鑒。

十四日申刻,專差王成吉抵蘭垣,接展鈞諭,謹聆種種。地丁銀一百二十一兩零,遵訊解文,當即繳庫,容俟懸牌,何日兑收,扯獲批回,再爲飛呈。前任領款,遵即繕投,俟掛到司,托房婉爲援承抵扣。抑或照章正領正解,相機設法重解。耗羨三十餘金,書詢司房,實已改收。是年下忙,請作交項,不致有誤。領解小費,堂扣火耗,共需若干,容辦成效,即當飛陳。交代例限,部章綦嚴,萬勿經視。[4]設有遲逾,責在現任。錢糧各項,如已接清,應造册結,請速詳賫,切勿稍延。併將印頁從豐擲書,以備更換,是所切要。

前任虧項,除以領款抵交外,尚應領三百三十兩零,撥歸平凉,如數代交。設不能靠,請將前任早爲稟揭,藉免拖累,以脱重咎。奏銷交代,各案册籍,逾限舛錯,責成現任。應需房費,前任清理,似屬捷便。惟恐延誤,致碍大公。各案規費共銀若干,請向前任掃數催討,免致遺誤。祈將前任數目分晰開單,迅爲示書,藉資托辦,裨免挑駁,致繁案牘。管窺之見,應否有當?伏望鴻裁,訓示祗遵。飭買各物,業經搆就,開具清册,均交原差,携帶面呈,望祈查收是禱。謹具。恭請升安。

二月十五日,升字第八號。

密稟者:風聞陳然軒己身欠款約在數千,屢催未繳,已經藩憲照例揭參之説。石君欠項三百餘金,撥歸平凉,照數代交,恐不能靠,總乞設法訂對,妥實爲要,應否有當?想我大老爺鴻裁素著,定有一凡成竹耳。設有變更,請將前任速爲稟揭,書托婉轉,以脱重累,是所切禱。復此奉聞,載請金安。

二月十五日,密稟。閲畢付之丙丁。

敬稟者:日昨專差回署,帶呈各物,肅修蕪稟,備陳一切,諒不日即邀慈覽矣。

地丁銀一百二十一兩零,業已繳庫,正在收款,約于念三日始能入庫。所需小費、火耗各項,書即墊給,容扯批回,縷細稟呈。前任領款,遵即照繕。業經投院,托催趕辦,不致有誤。商及房友,核議文稿,詳懇藩憲照數抵扣,托房設法相機援承,諒不有虞。遵已繕投,謹將底稿伏呈備考。

交代例限,早已逾期,前任欠款,設有拖延,如不稟揭,責在現任。平凉撥項,催訂確實,祈將册結迅速詳賫,以顧例限,而免負咎,是所切要。所需規費,遵查舊章,共銀六十六兩。書商諸友,説商減至再。錢糧、驛站、刑命各案核册字工,共在其内,統計約需六十金之譜,應照舊例,前後兩任各半分出。前任一半,理應令伊自行清厘,以免轇轕。惟是交代奏銷各册,如有舛錯、逾限等咎,責在現任。前任之費,設有耽誤,往返挑駁,遺害匪輕。所需各費,應否各半清給,抑或彙繕,一手經理,免致兩歧之處,伏望鴻裁,確示遵循。謹具。恭請升安。

二月十八日,升字九號。

敬稟者:地丁銀一百二十一兩零,繳庫折兌,銀色尚好。惟五十兩封每包短七錢五分,尾封短銀二錢八分,共短銀一兩七錢八分。核對件數、紙皮均皆無異,想係加平錯算之故。短平火耗小費,一切△即墊給,①容扯批回,即爲飛呈。錢糧接清,交代册結,祈速詳賽,萬勿稍延,致逾例限。尤請賜寄册頁數十本,迅即遞△,以備抽更,而免駁詰。往返需延,是所切禱。

前任領款,俟掛到司,相機托辦。奏肖册費,請催前任,令伊省友早爲托應,庶免挑剔。交代規費,節儉至再,約需六十金。石君半分,祈由平凉就近索取,切勿匯省,以省輾轉。管窺之見,均望示遵。謹稟。恭請金安。

二月廿二日,升字第十一號。

敬稟者:前具蕪稟,計邀慈覽。

初三日,專差到省,接奉鈞諭,文册等件,謹領壹是。運來地丁三萬卅餘兩,照數收到,容俟繳庫,□若短平,挑換成色,再爲稟報。錢糧交代,業經到司,遵商援辦,正在傳核。檢查册造,不合甚多。書思此案早已逾限,若再駁更,往返需延,獲咎愈深。即托房友,照案援核,不符各册,就近繕更,以免駁詰。托懇鼎力,不致挑駁,俟辦妥善,何日詳院,再爲飛稟。

接征地丁銀一萬廿一兩六錢八分,早經繳庫。核賬收款需延數日,業已收庫。兌短庫平銀一兩七錢八分,火耗銀二兩四錢七分,二共

---

① 《化平廳草簿》用△符號指代稟稿作者,恕不一一注明。

庫平銀四兩二錢五分。加合蘭平銀四兩四錢二分，又需庫書各項小費銀二兩五錢，投文扯批錢八百文，合銀五錢三分。統共用銀七兩四錢五分，書給設措，照數墊給，望祈記檔。僅將扯獲庫收一紙，伏呈備考。

冬季廉工，除堂扣領，獲實銀一百三兩零，各處需款，遵照送交。餘剩銀兩，書即收用，取獲收字，容開細帳，併爲飛呈，不敢有誤。前任領款，已經掛司，托房婉爲，援辦抵解。俟有成效，即爲飛稟。購買各揭，俟差起身，點交帶呈。何日到署，望祈查收是禱。謹具。恭請升安。

三月初二日，升字十二號。

敬稟者：前具蕪稟，計邀慈覽。

錢交代册，由道核轉，已遞到案。△商房友，不合各册，就近換更，以免駁詰。所逾例限，遵托應費，設法援護，諒不有虞。核辦妥善，三二日內，即能賫院。容錄詳稿，甫爲呈覽，催促趕辦，約於望間，定能送部。所需册費，前任省友言未見信，不肯應承，△即設措，全數墊給。石君半分，請即催收，切勿兌省，以免推延。前任領款二百九十餘兩，△托房友，從豐應費，設法援承。△現辦理抵解，現值傳核，一俟妥善，再爲稟陳。

運來地丁銀三百三十兩九錢八分六厘，繳庫兌收，五十兩包，每封短銀七錢。計六封，共短銀四兩二錢。尾封短銀四錢五分，又加火耗銀六兩七錢二分，共庫平銀一十一兩三錢七分。加合蘭平銀一十一兩八錢二分五厘，需庫書等項小費銀六兩五錢，投文扯批錢一千二百文，合銀八錢，統共不敷銀一十九兩一錢二分二厘，△即措墊，如數交清。正在收款，容俟收庫，扯獲批回，即當飛呈。

王大老爺益三銀三十兩，王大人序東銀八兩，均早送過，謹取獲借字收帖，伏呈電閱。購買水菸十斤，丐醬廿三斤，[1]火腿二支，計七斤。改號紅瓜灯一對，整修大瓜灯一對，均交來差，包固携呈。今晨

---

[1] 丐醬：疑即"麪醬"。

出省，何日到化，望祈點收。需錢若干，再爲細陳。來差在省儔錢三千文，望祈記檔。謹具。恭請升安。

三月初十日，升字十四號。

敬稟者：前肅蕪稟，附呈收字二紙，備陳一切，計邀慈鑒。

錢糧交册不合之處，遵商房友，就近繕更。所逾例限，托房援轉，均辦妥善，業已詳院。謹錄文稿，伏呈電閱。

各處規費，書即告貸照數，應給前任，平清即討取，切勿兌省，以免推延。抵解銀兩，托房援辦，詎蒙抵示，應照舊章正領正解，免致牽混。書催趕辦，約廿三日，即能核發，待至領獲。遵繳地丁，並前解各項，均俟入庫，扯獲批回，即爲飛呈。惟是領解應需堂扣，火耗一切，約需銀三十餘金，如何安置，望速示遵。

春季領款，現已滿期。惟列優發，請賜文領。遵托婉爲，或能核發。日前專差回署，帶呈各物，諒已點收。該役在省領支川資錢三千文，望祈記檔是禱。謹具。恭請升安。

三月十五日，升字十六號。

敬稟者：前具寸稟，計邀慈鑒。

各案交代，托辦妥善。業已咨部，所需規費，極力從減。司院各屬册費，核册字工，一切在内，統共用銀五十六兩。援辦延遲，給銀六兩。書即設措，全數墊給，望乞記檔。

地丁銀三百三十兩零，業已收庫，謹將批回呈請備考。火耗、短平，共不敷銀一十九兩一錢二分，書即措墊。前任廉工，除扣項，應支銀二百七十八兩一錢二厘。又，除堂扣外，于前抄領獲實銀二百七十兩五錢九分三厘，遵查地丁，尚應解銀二百八十五兩九錢二分一厘。又加火耗銀五兩八錢四厘，二共銀二百九十一兩七錢二分五厘。以領抵解，約共短銀二十一兩一錢三分二厘。並領解各費，統約不敷四十之譜。解銀文詳，書已呈投，不敷銀兩，擬即措墊。奈實拮據，告貸無出。如何安置，望早示遵。

頃奉鈞諭，捧誦之下，惶愧無極。遵查所解銀兩，無論何項，如色不足，照數兌換外，每百應需藩憲火耗二兩三分。歷年以來，處處皆然，請詢鄰封，諒能備悉。至前運省地丁銀三百三十兩零，書以蘭平每百加銀四兩作庫平百金，親手兌實，計數核算，共短平四兩六錢五分。並火耗小費一切照數措墊，當即陳明。非書心生覬覦，捏詞短平，希圖漁利。竊書屢荷恩遇，一切事宜，自當極力節減，以歸實效，斷不敢稍有怠忽，至滋虛糜，負却高意。前項短平四兩六錢零，如實兌足，毫無缺少，由書賠補。嗣後解銀，請照上屆，仍兌原平。專丁來省，同面兌繳，涇渭自分。諸望鑒原，不勝禱切待命之至。

省城出入各項帳目，俟開清楚，即爲飛呈。前買水菸，如不能用，請速帶省，原璧歸趙，是所至要。謹具。恭請升安。

升字十九號。①

敬稟者：前具寸稟，計邀慈鑒。頃奉鈞諭，謹聆種種。

春季聆款，②遵即繕投。托商援核，容辦妥善，再爲飛陳。敬請升安。

四月初九日，升字廿號。

敬稟者：前具寸稟，計邀慈鑒。接奉鈞諭，謹聆壹是。

春季文領，遵繕呈投。托房援承，俟辦妥善。何日核發，即爲飛稟。謹具。恭請升安。

四月二十二日，升字二十二號。

敬稟者：連奉鈞諭，謹聆種種。

---

① 升字十九號檔案缺時間落款。
② 聆款：即"領款"。

首縣出分，攤銀八兩，遵即墊交，取獲收條，再爲飛陳。

迤遣册費，極力商儉。司院每季應銀四兩，按季給付，以免煩催。前任領解各項銀兩，均辦清楚，△共墊銀六十兩九錢七分三厘。前將領解扣發各項細數開具清摺，扯獲批回，一將均呈電閲。

奏肖交代各項規費，遵往訂討。前任省友李姓云，及接准應蘭交代册規，並未提及，不能墊給。奏肖各册，兹伊邀會同核辦，所需房費，各出一半，應否請詢前任，確切示遵。春季領款，△托房友，竭力援承，業蒙批准，何日核發領若干，再爲飛陳。謹具。恭請升安。

又四月初一日，升字廿五號。①

敬禀者：前具寸禀，計邀慈鑒。初九日，接奉鈞諭，謹聆壹是。

招審馬尤保遞解到省，[5]即日臬憲發縣監禁，遵催趕辦。容俟堂訊，供詞如何，再爲禀報。解差到省，請領下籠各項小費，共錢三千文，又領捕所開籠費銀二兩，以及役犯所需口食，△即按日照數借交，不致有誤。司院、讞局紙價銀兩，應付若干，望祈示遵。

春季銀兩，竭力托辦，業經批准，一俟發清，共領若干，即當飛禀。交代奏肖各案規費，請催前任蘭致伊友，速即交△，以資歸趙，是所切禱。謹具。恭請升安。

又四月十一日，升字廿七號。

敬禀者：前具寸禀，計邀慈鑒。

馬由不招解到省，尚未堂訊，遵催趕辦。容俟過司，供詞各節，是否相符，再爲禀陳。奏肖規費，請催前任，速爲應給，以免挑剔。書塾交代一半册費二十八兩，祈由平凉就近討取，庶免推延，是所切要。

現聞大憲通飭各處採買糧石，倉有不敷，或有破爛，令即禀請，發

---

① 四月初一日具文的二十五號禀稿編排在四月二十二日具文的二十二號號禀稿之後，以"又"字樣提示，此禀稿爲補充編排。下文四月十一日具文的二十七號禀稿、四月十七日具文的二十八號禀稿同此。

銀興修。竊思化平倉厰無多,兼之年久,並未遞修,若再採糧,恐難存儲。請即婉爲具稟,督憲發銀七八百金,藉資修理。書託房友,設法援承,如能新辦,准公私裨益。管窺之見,望祈裁奪,訓示祗遵。謹具。恭請升安。

又四月十七日,升字廿八號。

敬稟者:連奉鈞諭,謹聆壹是。

各處信件,遵於節前,照銜分送。首縣分金八兩,報局二兩,均已送交,謹將收字,呈請電閱。迤遣册費,說減至再,每季司房給銀二兩,院房一兩五錢,按季應付,勿再頻催。

招審馬由不業已過司,供詞如舊。催促趕辦,月內過院,六月初旬即能發還。所需紙價,院房、讞局兩處,各給二兩。臬司紙價從減,商說付銀四兩,均即兑交,不致札催。

春季領款,託房婉轉,極力設法,業已撥除堂扣外,共領銀二百三十餘兩。除付借墊前任解款六十餘兩,及核交代各項用款外,約剩銀百兩。付還票號,不敷尚多。書即收用,稍濟眉急。遵於天成亨婉爲說詞,緩期清還,業已應允。

請將夏季領款寄省,遵催趕辦。請領歸償,以清借項。券紙抽回,即呈鑒銷,不敢有違。交代奏銷各項規費,前任省友,迄今數月,逐日推諉,不肯付給。窺此情形,勢成畫餅。應攤若干,請催石君就近討取,裨免推延。尚乞賜示,藉資託辦,免誤要公,應否有當,候示祗遵。省城出入各項帳報,趕緊核繕,容再稟呈。敬請升安。

五月廿一日,升字三十三號。

敬稟者:前具蕪稟,備陳種種,諒邀慈鑒。

廿八日,差役到省,接奉鈞諭,謹聆壹是。寄到文件,遵即分報,請修倉厰。⊿託房友,鼎力援核,俟有成效,即爲飛稟。所需筆費,商減至再,如能援承,發銀每百司院撥銀辦費統給六兩。俟辦妥善,共撥若干，計數應付，是否有當，請示祗遵。

馬由不案，托催趕辦，業已過院，如舊畫供。△商房友，應費四兩，設法援承，六月初旬，定能發還。來役二名，即令接替，口食一切，照舊供支，李云、何成共領回署川資錢一千六百文，昨已出省。

春季領款，前已領獲。除開肖外，所剩銀兩，歸還票號，不敷尚多。△因債主嚴討逼迫，當即挪用票號借項，遵力婉說，夏季領獲，再爲歸趙，業已應允。請將文領速即擲省，請領歸償，以清借款。

春季祭祀，前文漏領。俟文接到，遵併夏季繕投托發，該不致誤。請領契尾，遵托趕辦，容俟領獲，並買水菸，俟差旋回，即交賷呈，不致有違。恭請升安。

五月卅日，升三十四號。

敬稟者：前具寸稟，計邀慈鑒。連展鈞諭，謹聆種種。

范大老爺奠代四金，照數兌交，取獲收條，即爲飛呈。祭祀銀兩，前文漏領，夏季文詳，俟遞到省，遵商房友，一併繕投，托援核發，不致遺誤。

前任應攤交代奏肖各項規費，屢次討索，迄未應給，疊經稟請，諒在燭鑒。兹後奉諭，遵往催詢，並以來示，備細面說，怎奈李姓總以未奉官信及省垣無項各詞，仍前推諉，多方婉說，堅不應承。前月石君專丁來省，並無指甫訂對應付之事，睹此情形，勢成畫餅。攤銀若干，請由平涼就近索取，以期妥速，而免藉延。各案奏肖，書恐耽誤，托囑諸房，婉爲援辦，不致挑剔。共費若干，望乞賜示。藉資應付，免生窒碍。

請修倉厫，遵商房友，援案核辦。日昨送稿，詎蒙制軍批示，銀覺過多，有無浮冒，引司核馳，詳奪示遵。書托司房，俟行到案，鼎力設法，婉轉援承。如能照准，從半應費，俟辦成效，再爲飛聞。

稟修城垣亦賷到，婉托援承，蒙批不准，躊商至再。院房云及，目下庫款支徘，動用無項，署書稟明，共費若干，從寬估造，請由本處籌挪私款，如今不敷，詳請撥發，以資興修。極力援辦，或能准行。應否合當，均望鴻裁，訓示祗遵。

契尾薛業已領獲。及省垣歷年收用各項，逐細向報，共墊□□兩。① 茲封妥固，伏呈電鑒。

陸老爺之事，遵囑吏友，留心婉爲，俟辦如何，容後稟報。

祁車夫荷蒙臬憲從輕改擬監禁十年，期滿釋放。其餘索連加號半年。祁姓口食，按時支給，不致有誤項。謹具。恭請升安。

六月十二日，升字卅六號。

敬稟者：前肅寸稟，附呈契尾帳報各件，備陳一切，諒邀慈鑒。頃展鈞諭，謹聆壹是。

請修倉厫，行司核馳，遵托諸房，竭力援核，勿再挑減，容俟訛定，詳院辦妥，再爲飛稟。所需筆費，書力從減，商應若干，再爲稟報。

馬由不案，托催趕辦。文已行州，大雨連綿，不能就道，俟路稍乾，三二日內，即能出省。

萬順蔚號水菸五斤，遵買帶呈，不敢有誤。臬司紙價，書已付交，取有收條，敝處存查。倘再催提，書甘領咎。寄來文批，遵即置搁，再呈電肖。

夏季文領，迄今日久，是否馹遞，尚未接到，望祈速賜，是所盼禱。

前交李姓帶省購買水菸錢一千四百文，遵往查詢。沿途患病，尚未抵省，何日收獲，再爲奉聞速賜，是所盼禱。各核奏肖，書托核辦，勿再挑剔。應費若干，屢經稟明，靜候示遵。謹具。恭請升安。

六月廿日，升字卅七號。

敬稟者：前具寸稟，計邀慈鑒。頃奉鈞諭，謹聆壹是。

程途冊籍，遵商房友，就近造辦，頗費查核，應筆二文不止，同應允寄來文件，書暫收存，托房緩催，應否加增，請酌速示，藉資托辦，而

---

① "兩"字前有蘇州碼子計數，字迹潦草模糊，無法辨識。

免延誤。

　　各案奏肖限期，已迫出票提，書會同核造，催辦甚急，費歸前任，乃係私誘，事有遲誤，責在父臺。書若袖手，恐有碍虞，擬托造辦，費所難免。勢處難危難，應否如何，不敢托專。伏望裁奪，訓示遵循。

　　請修倉厫，正在核議，尚未詳院，俟辦妥協，再爲稟陳。

　　夏季文領，望祈速賜，乘時其領，裨免遺誤，是所禱盼。

　　祁車夫四兩，前經送交，伊仍退回，陸續取用，今已全完。飭給口食，按日照付，不致有誤。書處帳目，因何錯誤，請核妥善，便中賜示，以免怨系。解役李成等在省口食，雖十二三天或十日結發一次，然係按日計日相關，隨時照發，逐細查實，均已給清，並未短少。何該役等在省時面無異詞，至旋署，在父臺前捏詞嘵舌，解錢雖無多，情屬可惡，確否因何欠發之處，請令該役開單寄省，以資核對，而分涇渭。不勝惶悚待命之至。謹具。恭請升安。

　　七月初一日，升字卅八號。

　　敬稟者：前具寸稟，計邀慈鑒。

　　馬由不事前過院，遵托援承，趕辦發還，文已行縣。正值覓車，奈被屍主上控督憲，核除馬姓因謀家產，數人朋害，懇請伸冤，情詞迫切。復蒙批委，發審局即提研訊，詳覆核奪，是以阻滯，不能發回。近日以來，質訊二堂尚未定供。書催趕辦，約于節前可能出省。

　　萬順蔚棉荍六斤業已購就，托交戴仙翁順便帶呈，念一二日即能就道，到乞查收。需用價錢一千六百文，敝處墊給，尤請登檔。

　　夏季文領，迄令多日尚未遞省。如已簽發，恐馹羈壓，望即一查究，以免遺誤。設未遞發，請催房書，速辦妥協，迅即擲省，遵投托辦，是所禱盼。票號借款、奏銷册費，轉秋節均討甚急，如何安置，佇候速示，藉資遵循。

　　請修倉厫，司管照案，婉轉詳院，遵托院書，援案具稿，全數核准。詎荷制憲閱册，見銀過多，恐有浮冒，批造妥册，申賷核奪。等因。行司轉飭，不日到案。書商房友，俟批奉到，請仍照前估之數，開造詳賫，遵托諸友，竭力援辦，不致挑減。所造估冊，仍祈擲書，商妥呈報，免之歧誤，是爲至禱。謹具。恭請升安。

巧月廿日，升字卅九號。

敬稟者：陳爺到省，及接郵寄，兩奉手諭，謹聆一是。

運來地丁銀二百八十兩，又蘭平銀五十兩及文領等件均已收到。夏季領款，刻即呈投，托催趕辦。地丁銀兩，遵同陳爺，執往錢甫。按平較先每百短平一兩之譜，統俟繳清，再爲細稟。

惟是票號借項一層，去歲至今，屢次嚴催。前之稍管者係管事薛姓在號，與書相善，稍能周轉。前月，薛姓回里時，將伊經手官場借項均開清單，呈交藩臺，查扣舊款，遵商號友，恐難緩待。如此以來，領項核發，定必劃扣，地丁銀兩，作何添解，君望早爲籌措運肖，以免耽誤，最所切禱。軍犯紙價，遵商房友，如果歸前任，應詳之項，請即申明。伊等好爲藉文提催，裨免輾轉。

馬由不案，提訊數堂，仍定原供。局憲責斥屍主馬氏出具甘結，不日詳司，催趕過堂，計期月內約能發回。各房紙價，均已給清。程途奏肖各案冊費，遵商應給，書托援核，不致挑剔。統俟辦妥，再爲飛稟。請即契尾，陳爺起身，即交帶呈，諒不致誤。謹具。恭請升安。

七月廿六日，升字四十號。

敬稟者：前具寸稟，計邀慈覽。

運來地丁，業已繳庫，因數不足，尚未兌收。夏季領款，甫經掛司，約于節後，方能核發。票號借項，多方婉爲，恐難再緩。解款銀兩，請另籌措，送省添繳，以免耽誤。作何安置，請先賜示。藉慰怨系，是所禱盼。

奏肖冊費，屆值秋節，應給一半，均不首允。估撥戍工，年應交廉工等項冊案，現經催辦，是否應費，托房援之處，均望示遵。

各項領款，前蒙定章，歲緩一季，俟次年，查明無虧，方能補發。現因藩憲清厘優劣，書商房友，援承瘠苦，按季全發，勿再停緩。幸已辦准，應費若干，請示祗遵。敬請升安。
　　八月初七日，升字四十一號。

　　敬稟者：頃奉鈞諭，讀領一切。
　　夏季各項，遵催趕辦，于三日懸牌核發。天成亨借項婉說無效，當蒙藩憲盼示。庫所照數劃扣，核計本利，共扣首年二百三十兩。抽獲借券，書暫收存，容交陳爺，帶署呈肖，領獲剩銀百十餘兩。添繳地丁，不敷尚多。書商陳爺，擬先告貸，藉顧急公。街道清苦，張羅無出。正在躊躇，幸蒙賜寄秋季文領，接奉之下，不甚欣甚。惟是秋季尚未滿期，不能核發。遵商司房，婉轉具稿，申懇藩憲，核發領解，托房援辦，勿再催提。
　　于書處尋藉用剩印文一件。書繕呈投，謹將文稿呈請電考。托商司房，極力婉爲，諒不有虞。容辦妥協，領解清楚，扯取批回，逐細開帳，均交陳爺。何日出省，再爲飛稟。謹具。恭請升安。
　　八月十九日，升字四十二號。

　　敬稟者：前具寸稟，計邀慈覽。頃奉鈞諭，謹聆壹是。
　　各處信件，刻即分投。修倉估册，遵投托辦，容俟核准，再爲飛稟。臬司驛站飯食三兩，照數兌足，當即呈解，容扯批回，即呈備考。
　　化平奏銷，詢及司房，每年賫册，均皆不合，全行由司核更。如此以來，各年底册定要抄回，遵循造辦，以免歧異。僱人趕錄，一俟抄齊，即稟飛呈。
　　馬由不案原告具結，仍舊擬供。現已詳司，尚未提訊。托催趕辦，重陽前後，定能獲還。前帶水菸，因戴仙舟不能就道，復又討回，送交陳爺。待俟領解，各項辦清，刻期出省，一併賫呈，不致有誤。謹具。恭請金安。

八月廿三日,升字四十三號。

敬稟者：前具蕪稟,計邀慈覽。

秋季領款,托房訊辦,業已掛司,催趕傳核,約于初三日即能核發。一俟領獲,遵繳地丁,扯取批回,交給陳爺,刻速回署,不致延誤。

偵得藩、臬憲九月廿九、十一日誕辰,應否送禮,請速示遵。謹具。恭請升安。

桂月廿九日,升字四十四號。

敬稟者：前具蕪稟,計邀慈覽。

秋季領項,催房趕辦,約于初六日即能全發。一俟領獲,遵繳地丁,扯取批回,即交陳爺,刻速就道,不敢違延。藩、臬憲誕期前均稟明,如擬送禮,請速示遵。

馬由不案已詳院,托房婉為,勿再過堂。趕辦批示,約于望前定能發還。惟復審辦紙劄小費,司院房書,照章復索。應否給付,均望速示,藉資遵循。謹具。恭請升安。

九月初五日,升字四十五號。

敬稟者：前具寸稟,計邀慈鑒。

秋季各項,昨已核發,地丁銀兩,隨堂繳清,即日收庫。批回扯獲,遵交陳爺。于十三日,由省起程,一切細情,旋署面稟。在省買物,共使銀廿兩。又送交陳大老爺云亭應需銀十一兩,均請記檔,領解細帳,容再開報。

馬由不案文已發到,以資遵照交給,三二日內即能起解,計期月內可能袛化,覆詳袛價,應否照給,候示遵循。

臬憲壽禮,首縣公送,分金若干,攤定再稟。廿九日,方伯誕辰,聞有屆期演戲暢祝之說,是否送禮,均請速示袛遵。聞得云云。謹具。恭請升安。

九月十四日,[6]升字四十七號。

敬稟者：前具寸稟，計邀慈鑒。接奉手諭，備聆祗遵。

地丁銀兩，兌繳清楚。扯獲批回，陳爺于十三日自省起程，計已旋署，一切細情，均諒面稟聰听。又，馬由不文業行縣，分差覓車川資各項，遵照支給，共需若干，統開清摺。一俟出省，交給呈核，以杜舛錯。

請修倉厫，因造不合，復被駁更，不日行知。書商司房，請辦申覆。另備空印文册二三套，併爲遞省。設有參差，就近更妥，再爲投辦，以期妥協，而免掣肘。

再聞李明府雲溪少君于冬月間在省娶親。一卯寅諸公多方餽助。應否送儀，均請示遵。恭請升安。

九月廿日，升字四十八號。

敬稟者：前具寸稟，計邀慈鑒。

馬由不月前發回，書具冬果一籠，交差賫呈，到祈哂收，聊伸渴慕之忱。餘事一切，陳爺旋署，諒已面爲細稟矣。

去歲徵收地丁，比較造價，各册均皆不合。現奉薇垣傳書繕更，字工無多，遵即照辦。需錢若干，俟辦清，請錄獲底册，再爲細稟。謹具。恭請升安。

十月初一日，升字五十號。

敬稟者：前具寸稟，計邀慈鑒。

十二年徵收比較册籍，奉憲傳書，就近繕更。遵即照辦，業已繕清。底册抄出，再爲遞呈。謹將議定功過各處開摺呈覽，統需繕册字工、紙劄錢一千六百文，書即墊給。新聞云云。謹具。恭請升安。

十月十七日，升字五十一號。

敬稟者：前具寸稟，計邀慈覽。

廿八日，接奉鈞諭，捧讀之下，藉悉陳爺旋署，一切面稟清听。又，以書敬徵芹，謬蒙齒謝，愸愧交榮。

請修倉廒，遵商司房，妥為繕辦，俟有端緒，再為細稟。奏肖底冊，遵趕催錄，一俟繕就，刻即飛呈，不致延誤。

李明府雲溪銀廿兩，及分金二兩，憲書銀三兩，遵均措挪，照數分交，收字取出，即呈電閱。至前領解各款，及發支犯役口食，墊項各帳，容開清楚，即為稟呈，請閱記核。

馬由不招審紙價俱已給清，惟復審詳辦各處紙價，如命婉說，概不肯允，屢次文催。諒在電鑒。書詢他處，如此者均皆重給，區區無多。應否照付，俾免剌之。煩瀆之處，候示祗遵。謹具。恭請升安。

十月卅日，升字五十四號。

敬稟者：前具寸稟，計邀慈鑒。頃奉鈞諭，謹聆一是。

奏肖、估撥、迤遣各案，遵即應贄，托房援核，容辦清休，共需若干，逐細開報，不致有誤。

請修倉廒，遵商司房，將稿辦就，正擬繕投。適聞他處詳修到案，蒙上批示：現屆冬寒，難以動工，緩俟明春，再行詳奪。等因。書思呈投設批，若是徒勞公牘，擬待來春，再為奉辦。托房援承，諒能邀准，殊免煩駁。管見所及，應否有當，望裁施遵。冬季文領，清早遞省，以資托辦，藉濟眉急，切禱切盼。謹具。恭請升安。

十一月十三日，升字五十五號。

敬稟者：前具寸稟，計邀慈覽。

接奉手諭，讀悉一切。匯兌鄭捐銀一百一十兩，刻印執信，前往收取，晤史提搪，推後數日方能給。容待至期，書力催促，何日收獲，再為飛稟。各處銀兩均早送清，惟取收字參差不齊。一俟收全，隨稟附呈，不致有誤。恭請升安。

十二月十四日,升字六十號。

敬稟者：前具寸稟,計邀慈鑒。

昨奉賜示,讀聆種切。化營匯項,雖經取獲,奈銀成色,繳庫不收,往返更換,尚未易妥。容於日內,催取到手,即執來稟。添足呈繳,收字領出,肅稟飛呈,不致遲誤。

冬季各款,就近繕投,托房趕辦,業已聯發。按章特扣除攤項,分領獲銀二百四十餘兩,書暫挪用,以濟年急。俟至來春,如有需項,即請撥用。扣發細數,催發行起,計達典籤,諸望海原,不勝禱切。

前送李雲翁廿金,詢早函致,諒已電及。報局四兩,照房四兩,首縣三兩,均皆給清。收條四紙,呈請閱考。其餘奏銷、估撥、迤遣各案,及司院規費飯食,一切概已照舊措給,辦妥善矣,祈釋塵念。奏肖底冊,俟有順便,即托帶呈,免致馹遞沿途損失之虞。謹具。恭請升安。

臘月廿六日,升字六十二號。

光緒拾肆年新正吉日立①

敬稟者：前肅寸稟,計邀鈞鑒。新正奉諭,謹聆祇遵。

各處賀信,分途呈送。請修倉廒,照辦托辦。因屆隆冬,恐批停緩,徒勞公牘,無濟於事。擬令王正繕投獲核,以期妥善。現值新春,書催房友,趕擬投辦,不致再延。俟有成效,即存。

君聞鄭捐銀兩,業已呈繳,張仲武匯交二金,亦即送去,取獲收條,容便賫呈,不敢有違。頃聞云云。專此,恭請升安。書謹肅。

---

① 光緒十四年(1888)最後一件稟稿的編號不詳,據編號推知至少五十三件。錄存二十八件,其中十一件有編號,兩件注明"不列號",十五件僅有時間落款和"升字號"字樣,但"字""號"二字間爲空格,缺具體編號。注明編號的稟稿有二號、七號、九號、十二號、十五號、十六號、十七號、十八號、二十九號、三十五號、三十九號。其中,十八號與二十九號間僅錄一件稟稿,缺編號;三十五號至三十九號間僅錄兩件稟稿,缺編號;三十九號之後,連續五件稟稿缺編號,其後順次接排"不列號"稟稿一件、缺編號稟稿一件、"不列號"稟稿一件,其後連續六件稟稿均缺編號。

正月八日，升字二號。

敬禀者：前具寸禀，諒入慈鑒。專差至省，接奉鈞諭，祗聆種種。運來地丁四百八十兩，照數收到。史提塘仰隨同來差，刻即面交匯項六十金，議定月念，準每交給。容俟討獲，添繳地丁四百，不敷若干。書力設措，摒湊呈解。但街道清苦，張羅告貸，必費周章，且恐稍延，有誤于事。躊躇再四，惟有懇將本年春季領文寄省，藉濟急公。嗣後如有需款之處，自當惟命是遵，不敢違誤。伏乞速賜，以免遲虞，是所禱盼之至。

請修倉廒，遵商擬稿，業已繕投，托房援辦，俟有端倪，另抄詳底，再呈電考。所覓車夫，遵尋數人，均非懶怠，即食洋煙。兼因衙役去省在即，另覓不及，故未同來。容書留心，找有妥靠，即令來化，以供驅馳，不致遲延。

買冬菓廿元，青鹽半升及布袋，共用錢六百四十文。又付差役代買水菸錢二千八百文，該役等領支川資錢三千文，總共墊用錢六串四百四十文，尤祈記檔。藉便代呈少爺丹皮一包到清，哂收是幸。專此，敬請升安。書謹禀。

二月初□日，升字七號。

敬復者：接奉鈞示，種種祗聆。

春季餉項，即投托辦，俟飭若干，再爲細報。地丁銀兩，遵即清繳，諒不致再有遲催之虞也。十二年征支各案奏銷，概已辦結，茲將底册録呈電考。去歲奏肖，遵循舊章應費托辦，不致挑剔，仍俟辦楚，抄底飛呈，曷敢有違？

秋審紙價，遵照應付。枭房云及，現奉柏憲，體念寒艱，無論何處，秋審每票議定紙價，院房二兩，枭房六兩，均令照解。等語。書商減少，不肯應允，如何付給，請示遵循。

鋪司花名，已應筆費。托房援辦免驗，書諒不再生枝節。黄太守字對取來，前交回差，想早△祭收督憲壽禮，即開尊銜，送托首縣，附各觴祝，分金若干，攤定再禀。

車夫覓有一蕭姓者，年卅餘歲，係皋蘭人。不食洋煙，人尚誠實，而於餵養種種，亦極精熟，願投△案下，以供鞭鐙。由敝處借支川資銀三千文，已於日昨隨同平凉帳幕候滋齊兄趲程前來。到祈△裁用，感激回深。

再聞彭壽齋未悉何故，揚言禀控，請量安置，以免沸議，爲禱切要。附此。載請金安。書又禀。

三月初六日，升字九號。

敬禀者：昨肅蕪禀，諒邀慈鑒。頃奉鈞諭，謹聆種種。

程途册案，前托司房，照案援辦，臆已妥貼，詎復行催，不勝詫異。遵究其由，緣因皂房互相換班，致有此誤，實深惶悚。復又叮囑，妥爲核辦，想不致再有行催之虞也。諸懇原鑒，切禱切叩。

春季銀兩，約于廿九始能核發。地丁繳清，批回扯獲，即當飛呈，不敢稍延，有負諄諄之厚意。

昨晤李云翁明府，談及彭壽齋事，揣度情形，必不敢控。捏詞揚言者，不過意存吹噓聰聽，急其償債耳。應請置之，諒無甚碍。

蕭車夫前由敝處使銀二兩，投案供差，已否到署，望祈便示以慰。懇懇聞得云云，別無新事。專此，恭請升安。

三月廿八日，升字十二號。

敬禀者：前肅蕪禀，諒入升鑒。連奉訓示，祇聆壹是。

地丁銀兩，催促趕辦，業已收庫。除托司房另文行知外，兹將扯獲庫收一張，伏呈備案。奏肖、秋審、鋪司、程途各件，遵均照數應費托辦，不致有誤。共需多寡，容開清報。

再爲呈報彭姓之事，書即措詞，婉說數次，渠尚未允。遵又挽其相善者，極力懇說，俟有成議，刻即飛禀。諒不有虞，祈勿錦念。專此，恭請升安。

四月初十，升字十五號。

敬稟者：前肅寸稟，附呈地丁批回廳，計邀慈鑒。

請修倉厫，遵商房友，照依前數，量爲核減，妥擬底稿，繪具圖說，繕投托辦。司院諸友，努力援承，多方婉爲，始得玉成。所需工料，併囑設法由平厘局就近撥領，以期捷妥，而免跋涉。婉轉送稿，荷蒙憲批：化平廳建修倉厫，估需工料經費銀三百九十四兩零，准由平凉厘局就近撥給。仍俟工竣，呈請委驗，結報詳銷。仰即移飭遵照。等因。行司轉飭催趕，檄知端午節前可能到案。所需筆費，遵力研減，商説至再。司院各處撥銀百金，應給十兩，按數計付。又需貼書繕寫文册，筆資銀二兩。院房援辦，准由平凉撥發銀兩，筆費銀六兩，遵均措墊，望祈記檔。兹將辦過文詳清册，圖說底稿，呈請備考。

彭姓之事，連説幾次，尚不肯允。書商雲溪，宜緩婉議，方免刁難，弗則若輩性情陷詐，則必意其咱們恐懼考成，得望進步，隨起望蜀之心，終非□諸無關要，祈勿塵念。容同李大老爺緩爲商説，若有成議，刻即飛稟，諒不有虞。

頃接仰抄奉上諭："李用清來京，另候簡用。所遺陝西布政司缺，以直隸按察使陶模升授。"等因。藩憲牌示云云，別無新事。專此，恭請升安。

四月十四日，升字十六號。

敬稟者：前肅寸稟，諒入升鑒。頃間奉諭種種，謹聆並悉。

前呈批回册稿，概蒙電及，極釋鄙懷。報局節費及迯遺册規，遵照安置，不致煩催。承囑之件，自當竭力。容與前途，説有端倪，另爲勉飭。專此，恭請升安。

四月廿九日，升字十七號。

敬稟者：接奉鈞諭，一切祗領。

臬司秋審紙價，價六兩，遵已墊繳。前將批回，呈請備考。

修倉經費，催促趕辦，業經行知，諒早電鑒。今核廉官，正值酌調，容偵派定，再爲佈陳。

蕭車夫業已回省，前用二兩往返盤川，已用罄盡。追還無出，懇請鴻慈，傷寒賞給，免書賠墊，是所叩請。復此。載請升安。

五月十二日，升字十八號。

敬稟者：前具寸稟，計入升鑒。頃奉賜諭，祗聆種切。去歲奏肖，遵照冊章，應費托辦，不致有誤。首縣分金二兩五錢，報局二兩，均已墊給。兹將縣署收字一張。伏呈鈞覽。報局收字，俟催取獲，另爲稟呈。專此，恭請金安。

六月廿一日，升字□□號。

敬稟者：前肅寸稟，諒入慈鑒。

十九日申刻，陳爺等押運地丁，安抵蘭垣，銀俟繳過，有無補換，再爲細稟。居師爺歇住敝處，以期妥便。去歲奏銷稿已核就，正值清繕，容辦了結，鈔底呈案，不致有誤。

鄉試元卷，遵照墊發銀條收齊，即爲帶署。其餘諸件，遵商來紀，妥爲籌辦，祈釋錦懷。

吳太尊時齋稟請開缺，大府未允，只准交卸，來省就醫。甘州府缺，以鞏昌府丁振鐸調署。鞏昌府遺缺，委胡大人宗勝往署。別無新事。謹此。恭請升安。

七月十日，升字廿九號。

敬稟者：前肅蕪稟，計入典籤。接奉鈞諭，祗聆一是。

陳爺之信，當即面交臬司。馹站飯食銀兩，秋節報資。官府壽分金，將照墊給，所取收字，容交陳爺，帶呈不誤。上忙地丁早已呈繳，遵同陳爺挑換成色銀七十餘兩。適值藩憲入闈，封庫不能上兌，現經出場，催促趕辦。批回扯獲，即交陳爺，諒不有誤。程途、鋪司，遵商托辦。緣係兩案，此次所催鋪司會典，並非程途、鋪司之案，遵托該管，援案擬賫，一俟核妥，再爲遞呈，照繕詳辦，不致催虞。餘容辦妥，另爲細禀。聞得云云。專此，恭請升安。謹禀。

八月廿二日，升字卅五號。

敬禀者：前呈本科題名錄一紙，諒邀鈞覓。接奉手示，一切祇聆。

地丁銀兩，業已收庫。批俟扯出，即交陳爺，不致有誤。程途册籍，司文行催，共計三案。除武職回避，册已賫到，托房援辦外，尚有馹站及鋪司二項。會典、程途圖册，乞未賫司，擬商房友，就近代造。奈無舊卷，里數一切，無從查悉，是難造辦，請飭房書，照催事宜。繪造圖册，趕即遞賫，如有不合，遵同該管，由省繕更，俾免催駁。至需册費，通省皆辦。一俟定局，供照應給，以免歧異。其餘之件，尚無成議，容請妥協，刻即飛佈。書等委婉，諒無他虞，祈勿塵念云云。專此，恭請升安。謹禀。

九月初四日，升字□□號。

密禀者：喜姓之件，遵同來紀。多方婉説，怎奈前途總執父臺署中面許"現給名士，餘緩來年，再作計議"各語爲詞，如何揭銷，堅不定議。書就前往，並托耿老爺往謁數次，未解何故，均避不面。而羊回終日嘵瀆，只索名士。書等見其居心陷詐，名士之數，未敢輕與，同羊商説，頭尾若干，如能議定，除現交外，欠多寡，書換券據，約期清還，設不相信，將書城內公館房屋當保作質。奈羊回執意糊説，云依喜姓，算數甚鉅，伊力商減，必須千八，方可了結，弗則罷論，渠仍未化，面爲議説。書恐生事，遵挽留住，待請鈞示，再行商酌。至息一層，聞前議明，升爲各目，而今前途以爲應得，始終食言，殊屬可恨。鄙意議結，若非雲溪質面説合，終難了事。應否有當，息給多寡，望奪賜示。

俾書等有所把握，設法料理，以免久延。一切書等相機婉爲，諒無他虞，祈釋遠懷。再，前節次情形，陳爺稟明，均未贅速，尤祈原鑒。頃祈云云。別無新事。專此，恭請升安。

九月二十日，升字□□號。

敬密稟者：前肅寸稟，附陳種種，諒早入覽。

喜姓之事，居心奸陷。書等商説，本利若干，現給若干，餘銀多寡，另換券據，約期清還，以斷葛藤。奈前途一味含混，催索名士，如何定局，全不理會。嚴商至再，始云現收五百，餘俟來年，再作酌議。既面復云"能給千八，方可商説，弗則罷論"各語，書等伏思，若斯任其狡展，年給年索，永無休息，則必遺害伊於胡底。實書恐羊回從中作祟，親往數次，意探底裏，奈避不回，躊躕無法。商及陳爺，托請學官，面爲商説，以病治病，不過穿針引綫而已，其實底細，並未與議。近推認説，尚未見效，尤請商托，只説歸本無息。書等好作婉轉地步爲要。

李翁月初失偶，苦不堪言。書等商酌，暫增十金，以助殯葬，並祈商慰，兼屬前事。應否再行助送之處，望示祇遵。總之，此事無論如何，必須議定。除現給外，另換字據，以抉後患當是。再則諺云："斬草不除根，春芽又發生。"可不防乎？尊意若何，望乞撥冗賜示。俾書等遵守，俾免隕越之虞，翹盼云云。專此，恭請升安。謹稟。

十月初二日，升字卅九號。

敬密稟者：昨上一稟，附陳一切，諒入電覽。頃奉手示，祇聆種種。

喜姓之件，遵同雲溪相機料理，斷不延誤。惟前途狡滑異常，如何結銷，必須議妥。換立券據，或取具切實把憑，方免後變，俟有成説，刻再飛陳，祈勿遠廑。

馹站會典及武職回避，鋪司、程途、會典三案，訪照他處更造。字工繕册一切，每案紙筆共需四兩，應否托辦，伏俟示遵云云。專此，恭請升安。謹稟。

十月初八日,升字□號。①

敬稟者:前肅蕪稟,諒邀鈞鑒。頃奉手諭,一切謹聆。

喜姓陷詐,勒肯任意刁難,更兼回回從中作案,狼狽爲奸,可惡諸情。學官旋署,想已備述。具緣羊畜自至省後,逐日煩瀆,祇索名士。書等商及,如何結局。換立字據,彼此掩耳盜鈴,負券糊言,云俟來年再作酌議。書等見其居心狡詐,尤恐羊回播弄作弊,擬親往説,以窺其底。奈趨數次,閑門不面。羊姓終日仍屬曉曉,籌思設法。陳爺商書,邀請學官,探情往説,以破羊謀。實作鄉導,其實底細,并未與聞,效於不效,必無關碍。惟學官謁見時,請以讓本還債,大言説之,以減奪望。緣風聞羊回復有來化之説,總意揆度,恐待耿信,方定行止。

遵將細情與雲溪反復籌劃,李大老爺云及,無論狗輩如何設謀,有我中證,均皆無要。現擬再商,如渠講禮,則即議定,給付換據。設再狡原,另作計較。羊回如復來化,請以奸回擾害地方,斥責驅逐,損其鋭氣,省中商説,亦免費力。總之,給銀還債,無論如何,諒無他虞。狹執之詞,事置年久,互立憑據,何足爲虞?而伊前在各處驅騙,擾害所履士民,迄懷餘恨。省外諸署,皆有案據。奈獲舊惡不悛,故態復作,藉端勒索,即或興訟,恐渠自投法網耳。執迷不聽,可笑可憐。説有頭緒,再當細佈。陳爺意欲回署,李大老爺盼示,暫勿啓身,以免藉口。俟有成效,再行旋回。一切情形,雲翁致函,均諒燭鑒。候李明府信,刻即面呈。耿老師信,仍繳查銷。主考程儀,遵措呈送,收條取獲,再爲飛稟,別無新政。專此,恭請升安。謹稟。

十月十八日,升字□號。

---

① 因稟編號的數目字寫法不固定,無法判定"字""號"二字間共有幾個數目字,故祇加一個"□"符號表示缺字。下同。

敬密禀者：喜姓之事，前途總執"羊回在化，面蒙應許，現給五百餘，俟來年再作計議"各語爲實據，本利言定，給銀換約，擬係書等假主挑唆。近閱該惡，有以書等勒肯不給，致函催詢，並以大言詐嚇，等語確否，諒在燭鑒。遵照其情，備述云翁，熟商至再。如見渠信，置之勿理，不必回覆，免長刁風。管窺之見，尤望奪奪。至於省中現賴李大老爺命人婉爲，尚未妥貼，遵催迅辦，俟有頭緒，刻再飛佈。

冬月十五日，臬憲方太太云云。專此，恭請升安。謹禀。

十月廿七日，升字□號。

敬禀者：前具寸禀，諒入鈞鑒。頃奉手諭，一切祗聆。

被災冊藉，已遞到案，遵商托辦。查核冊造，額徵銀糧，祗造總筆，并未分析花名細數，兼之款式亦多不合。種種參差，非另擬造，全行換更，弗能達却。遵托該管，照案援更，勿再駁詰，以免延誤。所紙筆說減至再，繕冊一切，共十二金。俟辦清楚，鈔取底冊，照數給付。夏秋迓遣，應給規費，遵趕兌付，不致再催，別無新事。專此，恭請升安。謹禀。

十月廿四日，升字□號。

敬禀者：前肅寸禀，計入鈞鑒。頃奉手諭，一切祗聆。

首縣分金二兩四錢，及府署主考程儀一十二金，均已送交，取獲收條，另再帶呈。

去臘呈繳藩轅豫捐蘭平銀一百一十二兩六錢八分四厘，當即交清，何未行知？茲將收據呈請電覽。

程途各案，遵商核辦。一俟拮局，鈔底飛呈，不致有誤。

陳爺購買狐脖各物，共在之處，使銀五兩，尤祈記檔云云。專此，恭請升安。謹禀。

十一月初七日，升字□號。

敬密禀者：喜姓之事，書等設法邀請友人婉說多次。暨李大老爺從中調停，現有眉目。業蒙竿半，始行應允。說還竿一，尚不肯諾。窺其光景，總得千二，方可行結。但聲言均要現成，始收券據，互相交割，以清葛藤，若有短欠，即作罷議。書復請人，不敷之項，以房業保當，或由錢甫出給期票，皆不允承，擬另告貸。奈值街道異常清苦，兼屆歲暮，張羅數處，均無成效。設再延緩，[7]又恐前途狡詐翻供，徒費脣舌。

夏秋領項，核發銀五百一十餘兩。除堂扣小費外，約領實銀四百六十餘兩。安置前項，計不敷銀七百多兩。勢更危切，點金乏術，肅禀飛陳。所議之數，是否妥協，望祈鈞奪。不敷之款，并請設措，趕即送省，以濟急需，切勿延誤，是所至禱。臨禀翹祝，懇企盼之至。餘事另。專此，恭請金安。謹禀。

冬月初九日，升字不列號。

敬禀者：前具寸禀，計邀鈞鑒。

請修城垣，册已到司。並托援辦，批道委勘，造册詳辦，不日行知。所需工料七百餘兩，何處撥給，俟估到案，商辦定局，再爲飛禀。惟是近來各屬城工均皆停止，非就地籌款，概不准行。遵商援核，籌發經費，必費周章。司院筆費，如何應許，伏望裁奪，早爲賜示。藉資祗遵，俾免臨渴掘井，往返禀商。延誤之虞，切禱切要。專此，恭請升安。

冬月十四日，升字□號。[8]

敬密禀者：喜姓之事，已說妥帖，祗銀了結。各情已于初九日，專禀飛呈，計入鈞鑒。奈突因固原鹽局委員曾紀安上年娶親，婚禮未結，女家上控。各憲甚怒，批改撤差，調省究辦。前途聞信刁風，後專又欲翻供，執持禀詞，各署揭控。遵仰多人，後又婉說。渠云：如踐前言，即將竿二，刻日清交，弗則罷論。書等籌處，無法可旋，只得允如。所言互相清割，渠當不允。而瞬息匝月，無米之炊，巧婦何爲？事處危切，僅再飛禀，務懇鈞奪，速將七百，專差送省，以濟燃眉。如再延緩,設有不虞,悔之何及？書等不勝惶悚,禱盼之至。
不列號。

密稟者：連肅飛稟,諒入鈞鑒。
喜姓之債,事已説妥。約期交割,奈鏹不敷,由省張羅。詎屆年終,掣肘無效。而近日前途怪以書等失信,復又翻議,藉風滋事遵復。況人力爲介紹,畫餅充飢,終歸無濟。加以前途刁詐性成,若再延緩,設有不虞,恐難挽回,斯時又必費多事實。應否有當,請奪速示,俾免遲誤。切禱切禱。須專此,恭請金安。謹稟。
冬月廿日,升字□號。

敬密者：頃奉手示,一切祇聆。
喜事情形,化平廳議,均臻妥善。俟羊回到蘭,遵照辦理,不致有誤。仍俟結局,另再飛稟,以慰遠塵。餘另肅陳。專此,恭請金安。
十一月卅日,升字□號。

敬稟者：前具蕪稟,諒入慈鑒。接奉鈞諭,祇聆一是。
處災文册,托更妥帖,業已詳院。所需筆費,商之再回。緣造不合,概行繕更。紙筆過繁,實難提減,應請俯准,免再挑剔。
劉明府奠敬貳兩,遵即送交。收條再呈,轉聯年終。敝處拮據,實難言狀,尤懇籌濟,藉資急需。是所不勝盼禱之至。專此,恭請升安。
冬月卅日,升字□號。

敬稟者：前肅寸稟,計入慈鑒。接奉手示,祇聆一切。
喜姓之事,尚未辦妥,三二日内能否結局,即令陳爺趕即旋署。一切細情,面爲歷陳。書因債迫,前往西路,托鉢張羅。幸荷撫乙方,云甫核償款數百金,趕即返道。滿望年終,得能接濟。于昨旋省,正擬投辦,未料命運多舛,府道稟賜。于初三日,即蒙藩轅懸牌撤任,如此以來，一切領款概不能。而屆年下，百債降擁，畫餅充饑，焦愁無極。書商陳爺，擬收冬季，實領濟急。俟至來春，解繳地丁，書即補繳，斷不致誤。務懇鴻慈，趕將文領，飛遞省以濟燃眉，緩急得通。銘感實深，另勝禱盼。專此，恭請升安。謹稟。

臘月初十日，升字□號。

敬稟者：前肅蕪稟，諒入鈞鑒。陳爺旋署，一切情形諒面稟。

喜姓之項，商請雲溪，定於廿二備辦酒席，邀同徐老爺互相交割，俟辦清楚，再爲細佈。復此。戴請金安。謹稟。

臘月十九日，升字□號。

敬稟者：前肅寸稟，計入鈞鑒。

喜姓之事，備辦酒席，邀請諸君，力爲介紹，業經辦妥。昨將銀券互相交割，兩立合同，憑衆言明，永無轇轕。交彭現銀，各士及酬謝侮峰百金，共需六百。除領存銀四百七十兩一錢外，計不敷銀一百廿九兩九錢。遵力告貸，以了其事。如數清償，約定新正冬季文領，趕即遞省，以濟急需。抽獲借據，遵交錢甫，作爲信物，期票□百，期送不收。遵給正月一百，三月二百，四月二百，至日清交，決不失信。務懇籌措，按期交付，以免生枝。切禱切禱。其餘諉難各情，筆難罄述。陳爺旋署，諒已細稟，再未贅佈。專此，恭請升安。謹稟。

臘月廿九日，升字□號。

光緒拾五年正月吉日立[①]

敬稟者：新正六日，肅具丹稟，諒入升鑒。人日兩奉賜示，各信分投，一切祇聆。

---

① 所編光緒十五年（1889）稟稿，其具體的具文時間自正月初八日起，至十二月二十五日止，至少四十四件。其中有升字編號者爲二號、四號、十五號、十六號共四件，其餘均無具體編號。《化平廳草簿》錄存了三十六件，八件無錄文。

喜姓之項，遵于客臘備辦酒席，邀凂海方翁諸公兩立合同，面將銀券互相交割。惟給期票，嫌遠不收，勒正月。無奈出給正月乙百，三月二百，四月二百，始允了結。需該百金，遵已措送。容催云溪，另函致明。收條一層，書恐有碍，再未索取。應否有當，望示遵循。抽獲喜姓字據合同，因出期票錢鋪不肯，書交押存，以作信物。此事如斯以來，有徐、李從中作證關白。且將約券，業已抽銷，兼立合同，諒能永斷葛藤，必無騷擾，身祈釋錦懷。

　　冬季領項，固至臘月，債主進呼，迫不及待。遵于敝處覓獲用剩印文一套，刻印繕投，請領接濟。核發細數，容再錄呈。祈望原鑒，感蒙靡已。飭給耿老爺家中廿金，並王厨子兩錢，遵以送交。收字再呈，不致有誤。聞得云云。專此，恭請升安。謹稟。

　　新正八日，升字二號。

　　敬稟者：前肅寸稟，計入典籤。頃奉手諭文領等件，祇聆一是。

　　請修城垣，俟冊賫到，遵力托辦。需費多寡，商定再稟。喜姓之事，交割清楚。同牛言明，兩斷葛藤，想無他虞，祈釋錦懷。茲將合同公抄一紙，呈請鈞覓。是否妥貼，尤望示遵。

　　冬季領項，因屆年終，債逼無奈。具領接濟，以解倒懸。至於期票，久叨恩植，曷敢違誤。容俟至期，無論典質，遵力安置，俾免物議。設有不及，尚懇籌濟，藉以通挪，而免掣肘，是所禱切。

　　再聞平凉道以秦順西被竊，獲盜情詞支離，詳撫遲延，咨揭到司。該管擬以諱盜遲延在一年以上者處分，援例承辦。書聞之下，曷騰惶駭。應許筆資，托力婉爲。現經送稿，容辦定局，如何批詞，再發錄呈。資給若干，另當佈陳。廿二日，藩憲牌示云云。專此，恭請升安。

　　正月廿四日，升字四號。

　　敬稟者：前肅寸稟，計入鈞鑒。

　　請修城垣，已轉至司，遵托核辦。詎道叙稱，值此庫款支絀之時，何工應緩，煩司酌核。等語。兼查現奉各項工程，如需銀在五百兩以上者，必須公例報部核肖。等函。遵商司管，現值甘省工程停止之時，若舊城垣、廟宇同請興修者，需費千餘，定難核准，徒勞公牘，事毫無濟躊躕。若城垣、廟宇分作兩次估請，修葺方臻妥協。而各項工料尚不可上五百之數，始免核駁。道轉之案，遵囑該管竭力撥辦婉爲。批示容俟奉到，即請裁奪詳辦，俾期成效，而免有誤，是所切禱。

　　藍姓盜案，托房援護，業已批道。是否確犯，覆審詳辦。匿遲一層，婉爲至再，幸免處分，令道轉飭，想已到案。應許筆費，如何酬給，請示祗遵。專此，恭請升安。

　　一月廿九日，升字□號。

　　再稟者：喜姓期票，遵力設措，按期安置，不致有誤。前錄合同，是否妥協，祈便示悉，以慰寸懇，切禱切盼。附此裁請稟安。書又稟，日同前。

　　敬稟者：前具蕪稟，諒入鈞鑒。頃接鈞諭，一是祗聆。

　　秦順西案，批過糧飭，想已到案。皁房筆資，說減至再，遵應六金，祈請記檔。秋審紙價，去歲柏轅興復舊例，每案六兩，院房弍兩，疊經行催，諒在燭鑒。給付四金，不肯允從。應否公解，伏候示遵。各案奏肖，循舊托辦，不致挑駁。一俟辦清，鈔錄底冊，再呈備考。耿老師廿金，今正奉到，併信送交。收字屢推，迄未討獲。遵力嚴催，容再賫呈。

　　請修城廟，援辦至再。後奉批示，化平合無存儲可動，地價之說，應令查明，詳覆核奪。等因。不日行□，俟接到案，請婉覆詳，書力托辦。能否至成，再爲佈陳。恭請升安。

　　三月初六日，升字□號。

　　敬稟者：前具寸稟，諒入升鑒。

詳賫奏肖，詎于文袋並未書明"外匯"字樣。致馹遞送，文册抽离。遵往托辦，文業到司。固無册籍，已批查賫。書聞之下，駭異實深。遵由首馹逐細尋查，幸將各册書找獲。恐期遲逾，遵爲具文，併册呈投，托房核辦，不致有誤。
　　司中批查，如接到案，請置勿申，以免重複。爲要爲禱。劉錫煆、朱筱堂二明府由豫差後旋省。聞得云云。專此，恭請升安。
　　三月初九日，升字□號。

　　敬禀者：前肅寸禀，諒邀鈞鑒。
　　詳修城廟，司中批語，計早到案。請婉詳覆，遵力托辦，不致有誤。下忙考成，正值繕造。四月初旬，即能達部。未解銀兩，催提頗急，銀如不敷，請將褥款暫爲緩擱。地丁正項，除緩徵外，應解若干，設法凑足，趕即運解，以裕要公。是所至禱。專此，恭請升安。
　　三月廿四日，升字十五號。

　　敬禀者：前具寸禀，計入升鑒。
　　專役至省，接奉鈞諭。文銀等件，照數備領。營餉五百，遵即討取。執文趕繳，催速核收，不致遲延。批回扯獲，即交來差，尅期啓身，賫呈備考。所購各物，照單買齊。統給負呈，諒不遺誤。風聞云云。專此，恭請金安。
　　四月初三日，升字十六號。

　　敬禀者：前肅寸禀，諒入升鑒。頃奉手諭，一是祗聆。
　　專差送省地丁銀六百一十六兩零，較兌庫平每百加銀一兩二錢，共加平銀二兩六錢。挑換成色，加水銀八錢，易兌妥善。併取獲匯省營餉五百，刻即呈解，托催趕辦，業已收庫。扯獲庫據，呈請電考。該管細核所解之數，陳收下忙，計具餘銀廿有奇。遵托援承，列收被灾緩征項下，囑細行知，不日到案。後如報解，請照抵除，以免重複。

買做洋油大灯一對,價錢一千二百文。油布套子一對,錢三百文。絨花三對,錢四百兩支。杏皮二合,錢一百文。來役二名,支領自四月初三起,至廿四日止,口食錢三千七百八十文,以上共用錢六千一百卅文。除收差役帶來錢一千外,敝處墊錢五千一百卅文,尤祈記檔。購獲各物,均交來差,謹慎負呈,到希查收。至此次及叠經領解辦公需用各項細數,容同省中出入大帳趕即開呈,不致遲延。

　　下忙考成,册賫違逾,概行記過者四十餘處。商及援肖,該管元稱,俟册遞到,方能設務。祈飭房趕速造賫。遵應筆資,托援注肖,以免負過。設造不妥,即請速賜文册一套,書托擬稿,就近繕辦,免致錯誤之處,伏望鈞奪示遵。

　　臬院秋審紙價八兩,遵以兌給,諒不頻催。緩修城垣,文已到司。如詳批准,容機缘再爲興辦,免勞公牘。春季領項,業經核發。安置喜項,領用數目,容彙另報。聞得云云。肅此,恭請鈞安。〇謹禀。①

　　四月十四日,升字□號。

　　敬禀者：前肅寸禀,諒邀鈞鑒。

　　地丁銀兩,催辦收庫。扯獲庫據,購買各物,點交來差。日前出省,諒已至署,諸蒙查收矣。下忙記過,請速賜給空印文册。遵應小費,托商該管,就近繕辦,俾早除銷,免致日久援辦掣肘,是所切要。頃聞督憲云云。肅此,恭請升安。〇謹禀。

　　四月十七日,升字□號。

　　敬禀者：前具寸禀,計早鈞鑒。

　　地丁銀册,遲延記過,繳鑒申銷,文已到司。遵商援說減至,再應費六金,容辦妥貼,再爲飛佈。風聞云云。肅此,恭請升安。〇謹禀。

　　四月廿四日,升字□號。

---

① 《化平廳草簿》常用兩個或三個"〇"符號指代禀稿作者,下同。整理者統一爲一個"〇"。

敬禀者：前具寸禀，計入鈞鑒。

昨童樸、△二到省，①面聆寄諭，一是祗遵。地丁記過，托商援承，業已辦准。如請往肖，催赶行知，不日到案。所需筆資，遵以前議，設措墊給矣，祈請記檔。頃接邸抄，甘肅舉人大挑一等知縣八名張廷獻云云。肅此，恭請升安。○謹禀。

四月卅日，升字□號。

敬禀者：前肅蕪禀，計早鈞鑒。頃奉手示，種切祗聆。

□册記過，遵應筆資。托房援准，應案注肖，催昨行知，諒邀典籤。征信册案，能否免造。營請修衙，若何妥協，遵速商辦。容説定局，刻即飛佈，不致遲誤。敝處年來運滯累重，實難支撐。書擬束裝，趨叩崇堦，仰瞻鳴範，藉慰螻慕。並將省中往來帳項，面爲清厘，稍釋重負。俾免時受逼迫之虞，則感隆情于無涯矣。晤教匪遥，餘面細述。

初二日，新疆爵撫云云。肅此，恭請升安。○謹禀。

五月初六日，升字□號。

敬禀者：前肅寸禀，計入升鑒。前奉鈞示，壹是祗聆。

營請借款，修理衙署，遵應筆費，托房援承。如請議准，日内詳院。容奉批示，照鈔飛呈。催速行知，不致有誤。

征信册案，商及該管云，有被灾緩徵之項，必須造辦，萬難置擱。如房生疏，不能核造，請將司中駁發簽册及空印文册等件加封遞省。遵應筆費，托司代辦，以免錯誤駁更之煩。應否有當，尤懇鴻奪示遵。頃云云。肅此，恭請金安。○謹禀。

五月十一日，升字□號。②

---

① 到者有二人，其一爲童樸，另一人名不詳，原稿以△符號代替。
② 五月十一日禀稿原編排在五月十七日禀稿後，據《化平廳草簿》書例，今移至五月初六日禀稿後。

敬稟者：前肅寸稟，諒入升鑒。

營請修銜，托囑司院。極力援承，如請以准。業已批司，遵速辦，三二日內，即能行知。請即轉催派差來領，托房迅發，不致有誤。此項銀兩，若如原請批撥，虞局必以定章每百核陳四兩，減平始能給發。故商房友婉轉設法，由司請領，以免扣除。筆費六金，遵借墊給。請催帶省，擲書歸趙。切勿該處撥歸提塘，推延轇轕，是所至禱。頃云云。肅此，恭請升安。

五月十二日，升字□號。

敬稟者：前肅寸稟，諒入鈞鑒。

營修銜署，托房援承。如請以准，遵催趕辦。札飭派差赴司諒領，諒已接見。筆資六金，書已措墊。尤祈催促，帶省歸趙，勿撥提塘，以免轇轕，是所切禱。各案奏肖，逐案托辦。核查冊籍，去歲未支俸工等銀廿餘兩，遵商援發，以免向隅。幸已辦准，札庫給領。詎蒙庫所云，接尊信，托渠代領，不令書領。等語。祇聽之下，殊堪詫異。有無別故，望速示知，以釋怨念。是所盼切。學院胡云云。專此，恭請升安。

五月十七日，升字□號。

敬稟者：前肅寸稟，計入電鑒。接奉鈞諭，一切祇聆。

欠解藥味三分六厘，遵即墊繳。庫收扯獲，再呈備考。學台云云。專此，恭請升安。

五月廿九日，升字□號。

敬稟者：前肅寸稟，計入升鑒。接奉手諭，一是祇聆。

營領借款，遵托援發，約于十六即能領出。筆資六金，容俟收過，再爲附□。專此，恭請金安。

六月初十日，升字□號。

敬稟者：前肅寸稟，計入升鑒。

營領借項，已托辦妥，定于十六日懸牌核發。筆資六兩，尚未收穫。頃云云。專此，恭請升安。

六月十五日，升字□號。

敬稟者：前具寸稟，計入升鑒。

喜姓之項，已照期票，掃數給清。計陳領項尚不敷，借墊銀六十六兩七錢六分四厘，茲將細帳開呈電覽。又，冬季領款，去歲核發。因屆年終，敝處拮據，籌措無出，挪用二百，藉濟眉需。嗣給喜票，復力告懇，借貸安置，二共計由錢鋪借墊銀二百六十六兩七錢六分四厘。迄今半載，催討甚緊。書屢擬束裝，趨謁崇堦，奈被所阻，不能分身。另擬告貸，街道清苦，張羅多日，迄無成效。捨躬躊躕，乏策可展。尋思至再，惟有叩懇鴻施格外，准將夏季領文賜省，藉資具領，清償借項。遵抽約據，書於節後料理，就道親聆榘訓，面爲呈繳。久叨栽培，坡敢冒瀆，諸望原鑒，感歉實深。此後事處緊要，尊處如有需款，遵措應付，不致有誤。至敝處歷年來往帳項，爲數過繁，或盈或絀，容俟至署，面同清厘，歸稟神馳，曷勝禱盼之至。頃藩憲云云。專此肅懇，敬請金安。

七月初四日，升字□號。

敬稟者：前肅寸稟，計入鈞鑒。

初八日，兩奉手示，捧誦種切，殊深詫異。喜姓期票，均由錢鋪如期給清，並未施延。惟四月底票銀五十兩，因屆節下，嫌色不足，羊回商書，仍退錢鋪，亦於日前敝處措付。雖遲數日，乃出彼願。銀既清，所給期票，全行抽回，毫無蒂欠。所需數目，遵開細帳，肅稟遞呈，諒入電鑒。該惡如此平地風波，未悉從何而起，令人殊不可解。書擬執侶尋往理論，伏思事已結局，不較橫逆，只得忍棄吞聲。前途既稱銀未付給，票應在手，祈請索討，以明皂白。如有虛詞，書甘領咎。況喜姓素性若何，諒在聞鑒。去臘了事所給期票，若不由甫翻復訂確，豈將借據劇然交給。而應給票項，倘屆日期，推延不付，能不曉瀆。法峰、云溪竟聽拖延數月之久，數月函催。且若輩得隴望蜀，割腹藏珠，惡性短苟，狡詐飛常，豈能如此寬容也。書忍則非直，辯恐生疑。熟思至再，尊事爲重。已辦了結，慶欣莫名，遵已笑而置之。有無冤抑，請詢徐老太爺、李大老爺，自當水落石出矣。書深荷栽培，圖報莫由。曷敢懷嫌，有負生成。祈望原鑒，是所叩禱。

夏季文領，請速遞省，歸還借項，抽取約據，以便束裝，得早瞻叩，藉伸積慕，曷勝禱盼。去歲開呈敝處之帳，仍將原報祈請發還，遵將出入通盤計核，逐細開報。書帶至署，面同清釐，以免錯誤。迺遣冊案，詢及司房，因奉督憲嚴札專催，是以通行仍舊代造，不致有誤。

征信冊籍，爲期緊迫，詢已嚴催，計達典籤。遵囑緩擱，勿復行催。請趕造賫，倘遞到案，造有不合，應否給費托辦，俾免挑駁煩瀆之處，尤望衡奪示遵。代墊化營筆資六金，業由餉發，如數收清，併請轉致爲禱。頃云云。專此，恭請升安。

七月初九日，升字□號。

敬稟者：前具寸稟，備陳一是，諒入鈞鑒。

夏季文領，請速遞省，籍資安置。抽取約據，得早束裝，趨叩崇階，面聆一切。轉瞬天寒，殊深焦急。務懇鴻慈，是所叩禱。風聞云云。專此，恭請升安。

七月十九日，升字□號。

敬稟者：前肅蕪稟，計早升覽。

耿老師至省，面奉寄諭，祇聆種切。喜姓之項，努力給清，並未拖延。徒造風波，殊深可惡。確否清給，遵囑心畊。親詢喜姓，爲情轉答，以明不白，諒在冰鑒。竊書自荷知遇，數稟以來，深叨栽培。圖報不遑，曷敢懷疑，有負生成。性懇鴻慈，俯念素愛，將夏季應支文領，速即遞省,藉以安置。得早趨叩,稍伸積懷。書患舊疾,倘至天寒,行動維艱,務乞電憐。愈速愈妙,曷勝翹盼。

高仲、陶明府業于念二日星馳抵省,尚未稟見。所調廉差,特難充辦。能否挽回,俟謁層臺,再爲偵佈。專此,恭請金安。

七月廿四日,升字□號。

敬稟者:前具寸稟,附陳一是,諒入慈鑒。頃奉鈞諭,種切祇聆。

修倉報肖,征信册案,遵即托商,容接書案,妥爲援辦,不致挑駁。所應筆資,俟説定局,另再佈陳。前懇俯賜夏季文領,尤乞迅速加封遞省,藉以安置。得早啓身,是所禱盼。

謹查宮保九月初九、方伯九月廿九日壽誕,均聞首縣倡辦錦屏,以介眉壽。應否附名,抑另餽送,伏候示遵。主考擬于八月初二日晉省。專此,恭請升安。

七月廿八日,升字□號。

敬稟者:前肅蕪稟,諒邀鈞鑒。

陳爺于初四日安抵蘭垣,接讀訓諭,種種祇聆。領解銀兩,遵以趕辦,不致有誤。秋季文領,請早遞省,藉以安置。抽取約券,遵同陳爺,束裝趨署,俾免久滯,是所禱聆。

征信册籍,商説至再。應費八金,就近繕更,不致挑駁。鄭道房資二金,遵以兑交,收字再呈。聞得副典試檀機在陝聞訃,由彼返呈。正主考陳北文于初二日進省。頃云云。專此,恭請升安。

八月初五日,升字□號。

敬稟者:運來地丁,業已繳庫。請領之項,早經呈投。秦制軍甫經出闈,尚未掛司,催力趕辦,不致有誤。

秋季文領,疊經瀆懇,已在燭鑒。請早遞省,以資安置。得早束裝,趨聆德教是禱。

再，書于十三年六月十二日，由升字卅六號信內，遞呈省垣收用帳報一扣，仍行檢出，原報發還，以便統核。另繕清報，躬親賫呈，以免錯誤，是所企懇。

征信冊案，已托援核，不致挑駁。需費八金，前已稟明。修倉銷冊，亦賫到案，俟托辦妥，再爲係陳。監□同外簾各官，于廿日出闈云云。專此，恭計升安。

八月廿一日，升字□號。[9]

敬稟者：前肅寸稟，諒入升鑒。

接讀鈞諭，捧聆詫異。喜姓羊回，狼狽爲奸。含沙射影，實堪痛恨。書之冤抑，路遙紙短，筆實難罄。惟有誠如尊命，邀集云溪，回面質對，看伊能有言回答否。現因制軍誕辰及道府接印，李大太爺應函過繁，候二三日內，少有餘暇，即行質對。如何情形，再爲細稟。

請領銀兩，托催趕辦。奈司中委員過多，互相查核，致致費時日。約於十六，定能核發。呈繳地丁，不致有誤。援赦冊費，遵照付給。耿志師兌項四十兩秋捷需用，催索甚切。

秋季文領，請早遞省，以資安置，是所切叩。祁車夫案，已商司房。援案請釋，容詳批准，□□稟陳。聞事錯懼，聞已專報，奏請更正云云。專此，恭請金安。

九月初八日，升字□號。

敬稟者：前肅寸稟，諒入慈鑒。頃奉鈞示，一切祇聆。

夏季文領，諸催趕辦，幸於今日懸牌核發。上忙地丁，即托婉爲，當堂兌收。平批迴扯，出即交陳爺，趕即返署，不致遲滯。喜姓之事，均已清割。惟有挑剔成色銀五十兩，現賴耿志師從中排解，書照兌即可，事商陳爺。書之既已清結，勿再質對，免口舌。一切細情，面再縷秉。惟耿廣文之項，因捷秋魁，需項孔殷，催索甚切。無論如何，請早措給，免生怨論。

秋季文領，望早遞蘭，俾之安置。抽帶約據，乃早登程，切禱切盼。援敘冊費,繕辦紙筆、飯食,一切共應四金,不致挑剔。修合報肖,已托援辦,如詳核肖。司院冊費,共給六兩。征信冊案,不合之處,托房援更。現值謄繕,信辦清楚,錄底呈考。恭請升安。

九月十六日,升字□號。

敬稟者：前肅寸稟,計邀鈞鑒。

夏季民田,托催趕辦,昨已核發。應解地丁等銀,爲一百卅兩零,業于十六日,掃數收清。核計不敷,書共措墊庫平銀四十一兩五分六厘,遵開帳及扯獲批回,均交陳爺。二三日内,即能出省,一切面稟。書俟秋季文領接到,抽取約據,亦即啓身,趨親德教。頃云云。專此,恭請升安。

九月十八日,升字□號。

敬稟者：前肅寸稟,計入升鑒。

地丁收清,批迴扯獲,遵開細帳,付交陳爺,業于念二日登程返署。因買各物,復在敝處便錢一百一十文,尤祈記檔。

喜姓之事,遵回耿志師,已辦結局。種種細情,容再面稟。

秋季文領,迄已多日,仍未抵省。轉瞬天寒,焦盼殊深。尤所速賜,以便啓程,切禱切盼。聞云云。專此,恭請升安。

九月廿四日,升字□號。

敬稟者：前具寸稟,計邀鈞鑒。

秋季文領,已候多日,猶未遞省。望眼頻穿,殊深焦灼。請速賜擲,藉資安置,以便望禮,是祈禱盼。陳爺計早旋署,一切諒早面代爲細稟矣。專此,恭請升安。

十月初三日,升字□號。[1]

---

[1] 十月初三稟稿同下文十月廿一日稟稿,原補編在十二月初八日稟稿後,且編排在十月廿一日稟稿後,今據《化平廳草簿》書例改至此。

敬稟者：前肅寸稟，計入升鑒。

喜姓之事，結局情刑。陳爺旋署，想面細稟，諒釋塵念。書前懇將秋季領款迅速遞省，藉資安置，以便動身，趨聆德教。旋奉覆准，飭房繕辦，不日寄省。祗奉之下，瞬屆隆冬，書恐遲延，肅稟飛懇，速賜濟急，藉早束裝□□。書晨占雀噪，夕卜灯花，望眼頻穿，迄今月餘，仍屬杳然。更兼耿志師之項不時催索，五內焦急，實難罄述。務乞電憐素好，速賜文領，以濟燃眉，藉資脫身，馳叩營階，面陳一切，是所不勝切禱翹企者耳。

昨至司房，見有尊處未解十四年耗羨銀五分五厘，該管具稿嚴籤，飛催如數，有限遵囑，置擱敝處墊繳，業已兌收庫票一張，呈請備案。聞云云。專此，恭請升安。

補十月廿一日，升字□號。①

敬稟者：前肅寸稟，計入升鑒。

頃差至省，接奉賜示，一是祈盼。豫□指項，容將陳姓所匯之項催取到手，執持來文，同差呈繳，領獲批迴，即交該差，趕即返署，不致有誤。答一于遵，以發給首縣分金一兩五錢，如數兌交，轉請記檔。

書擬早就邊，奈被債務所羈，以致遲延。五內焦灼，實難盡述。現瞬息年終，債催日迫，祗得商懇，稍緩料理，一是準於冬月初二日束裝出省，趨叩典閣。一切苦衷，到日面稟。照某各物，遵購帶呈，不致有誤。昨云云。專此，恭請升安。

十月廿六日，升字□號。

敬稟者：前具無稟，計入鈞鑒。

---

① 十月廿一日稟稿原補編在十二月初八日稟稿後，且編排在十月初三稟稿之前，今據《化平廳草簿》書例改至此。

陳姓匯項銀十四兩零,遵同來役,如數取獲。詎有成色四兩有奇,送往挑換,陳姓不肯,並云渠係代借之項,如需良玉則作罷,論不能匯兌。書恐遲延,有誤公事,只得如數收署。寄來廿兩,原庫呈解,同面扯兌,挑出成色捶板銀十一兩零,二共成色銀十五兩有奇,遵由錢甫扣□八分,易換足紋,如數呈□,另文行知外,茲將取獲收條一張交差賫呈,到祈查收。

敝處代墊加色銀八錢,投文錢四百,交來役返署。川資錢一千文,均請登檔是禱。頃云云。專此,恭請升安。

十月廿八日,升字□號。

敬稟者:前在化平,實係深叨擾。既援餐而匿飯,又秣馬以膏束,種種盛情,時時感謝。比經乘時□祉,贈序延麻,為頌以祝。

書別後登程,沿途順軌,已干嘉平,六日旌里,征塵甫洗,積事又親,堪紓慈廑。承駁各帳,現在臘致聲喧,諸事紛如。容俟稍暇,核時明晰,再為順陳。正在肅稟致謝間,奉到鈞諭,並家報一封。信已收到,承示墊解,方計飯食三兩,當即措解,不致再催。節聞雅念,特以秉聞。專此,恭請升安。

十二月初八日,升字□號。[10]

敬稟者:前肅寸稟,計入升鑒。

茲將付過首縣分金銀一兩七錢,取獲收條一紙,呈請轉兌云云。專此,恭請升安。

十二月廿□日,升字□號。

春草油係

甲寅之日,平旦沐浴,六丁運氣,青腰羅炁,統元陽帝,《靈飛經》駕乘去此言。

光緒十六年正月吉日立①

敬稟者：新正初八日，接讀手示，一切祇聆。

李大老爺銀二十兩，遵向客甫，②極力告借，如數送交。併將尊處瘠苦、維難諸情，已婉爲面述矣。惟是此項約定二月中旬歸趙，尤祈早賜，免書失信，是所切禱。

此後如與敝處賜信，請馬書面填"候選巡政所宋收折"，不致遺失。頃聞云云，別無新事。專此，恭請升安。

正月十二日，升字□號。[11]

敬稟者：前具寸稟，計早鈞覽。

所覓厨子，[12]茲令前來，趨侍報效，伏望收用。每月工食，如命言定，蘭平四兩，安家脚價、盤川無資，共在敝處使銀四金，祈記當歸趙爲盼。

購買萬順蔚水菸三斤，每一斤價錢二伯八十文，弟共墊錢八百四十文，交便代呈，到祈查收。餘事另。專此，恭請升安。初二月，初四日，化平交王師。③

敬稟者：前肅寸稟，諒早鈞鑒。接展手示，一切祇聆。

厨子早已覓就，因事羈留，致未啓身。茲另覓一張姓者，人尚壯可靠，精於烹調，言定工食每月四兩，俟覓脚妥，刻即出省。

所買水菸，遵交代呈，不致有誤。支脚價、盤川若干，再爲佈陳。

---

① 所編光緒十六年(1890)稟稿，其具體的具文時間自正月十二日起，十二月二十九日止，有編號者爲三十三號、三十八號。三十八號後共有五件稟稿，按其編號順序，光緒十六年稟稿至少當有四十三件。《化平廳草簿》錄存二十四件，其中二十二件無具體編號。未錄十九件。另錄六月二十日致化平王爺次山書信一封。

② 客甫：即客鋪。

③ 本稟稿的具文時間和編號均不詳。

祁車夫案，⊿托柏署房友説法撥辦，①客臘具囑，詳力婉爲。案奉院批，令取妥保，並不敢再犯。供結准責開釋文已行府，二月上旬即能脱網耳。頃聞云云同前。專此，恭請升安。

正月廿六日，升字□號。

敬禀者：前具寸禀，計早鈞覽。頃奉手示，一切祗聆。

各項奏肖，遵托照拂，不致挑剔。地丁銀兩，祈早呈解，俾免遲誤爲要。所需奏肖册費及⊿處代借送付李大老爺各項銀兩，統望悉數擲省，以資歸趙，免之受逼，是爲切要。

王厨子抵署，叨蒙收用，想渠自必勤慎供事毋報，[13]稱李雲翁明府省務荷承殷殷念舊，不嫌庸愚，委書料理。惟有謹慎將事，以副栽培之厚德耳。

祈車夫業已出獄，擬俟措就川資，趨謝鴻恩，仍效驅馳。均叨錦注，用以附陳。

頃聞西寧道方在湟病逝云云。專此，恭請升安。[14]

閏月十四日，升字□號。②

敬禀者：前具寸禀，計入升鑒。

王爺于今日護運地丁安抵蘭垣，接奉鈞諭，一切祗聆。統俟辦看眉目，再爲細佈云云。專此，恭請金安。

三月十四日，升字□號。

敬禀者：接奉鈞示，種切祗聆。

李大老爺廿金，新正望前如數送交，並未遲延，遵催面覆，不致有誤。

---

① 《化平廳草簿》禀稿常以△符號指代"書"。下同，恕不一一注明。
② 閏月十四日禀稿在下文四月十七日禀稿後重出，个別字句有異。

京報局費，徇及前途，只欠去臘一節，該局函內所云尚欠過多者，乃係通稿刷遞，併無錯誤。省覓厨子，預支川資、脚價四金。托帶水菸三斤，已于月之初四日出省就道，計早到署。

王厨□室兄李姓來索工資十金，遵恭應承，緩為兌交。連前代墊李云溪各項，均祈早旋歸趙，免負重利為禱云云。

二月十四日，升字□號。

敬稟者：頃奉賜諭，一切祗聆。

王爺抵省，匯來營餉庫平四百兩，又帶來庫平銀六十兩，均已收獲。領解文件早已分報，遵催趕辦。但請領各項，[15]俟院掛司，展轉核辦，下月望間，始能發下。而解地丁，因截數目造辦忙册，急如星火，刻難緩待。若有遲延，以例詳辦。遵商司管，繕報差稟，請將運來現銀先行收庫，請領之項，一俟給發，隨堂領。應許筆資，托房援辦，于忙册內列造已解，免干部議。所解現銀，定廿六日懸牌收庫。

王爺在敝處共使銀十四兩，購買各物，擬念八日出省東行。所領之項，力催趕辦，俟蒙核發，領解清楚，扯批開帳，刻即飛佈，不致有誤。迤遺各費，均循舊章，妥為應付，諒不再催云云。

二月廿五日，升字□號。

敬稟者：下忙銀兩，目下適至造辦忙册，刻難延緩。若候領款，必致遲誤。遵商司管，書具差稟，解繳現銀式百九十餘兩，囑援收庫。餘欠銀兩，應許筆資，托房擔承，于忙册內極力設法列造全解，免干部議。俟領項核發，改日隨堂掃數領繳，以清庫款。書力催辦，不致有誤。容俟清結，再為細稟，祈免塵念。

王爺在省購買一切，共于敝處使銀廿六兩。及交地丁庫收一紙，均想到署，早已面呈矣。

近來省垣雨水甚足，麥價仍常，而土價騰昂，每百價至一十五兩之多。新方伯擬初五日晉省之說云云。

四月初三日，升字□號。

敬稟者：各項領款，甫經掛司，遵催趕辦。一俟核發，即將地丁隨堂繳，不致有誤。

此次王爺來省買物，各次統共用銀式拾六兩。及代呈地丁庫收一張，于前月廿八日出省，計早到署，一切想均面爲細稟矣。云云。

四月初六日，升字□號。

敬稟者：頃奉手示，種切祗聆。

王連升計已旋署，一切諒面細稟矣。遜遺册費，均已應付，不致再催。各案奉肖，均已托辦，並無遺誤。

前册賷到，該管查核，即云學官中式，業已離任，應支俸薪及膳支工食皆應扣缺。今册造滿支，碍難核辦，擬由司中代爲更造，復恐上下案牘兩歧，故將俸工册駁詰另更，以符例奉，實非有意極剔也。遵將原册執往商説司房，云學官既已離任，所有俸銀及膳支工食二項例應扣缺，若籠統滿支，實難造報。仍查詳明，以免駁詰。兹將原册繳呈典籤學官俸銀司中，此次扣存冬春二季銀式拾兩，以作扣缺之項，請即查覆，免之遺誤。所領各項，因薇憲互相接任，公事遲滯，尚未領獲。力催趕辦，此月念三，定能核發。一俟給領，即將地丁隨堂清繳，扯批開帳，刻即飛稟，不致有誤。

下忙册内，書應筆資，托力援承，業造"清解"字樣，諒不有虞，祈釋塵念。

電報局教習汪司馬業已到省，現在城中設堂招徒，並蒙宮保委候補令。易松濤明府在院署箭道建造局屋，聞擬秋初開局安綫之説。

藩憲張號竹晨三月初九日壽，銜條照例，並無增加。茌任未久，一切尚無舉動云云。

四月十七日，升字□號。[16]

敬稟者：接奉鈞示，一切祗聆。

冬季、春季領款，因值藩憲互相接任，案牘積延，力推趕辦，於前月廿九日始行核發。當將地丁托房核辦，業已收清。茲將扯獲、批迴、庫收三張並收用細帳一報，均呈鑒考。此次領解不敷，敝處又挪墊庫平銀四十二兩四錢六分八厘，及舊欠之項，統懇俯念緊迫，速賜擲償，以蘇涸鮒，是所禱切。

所領各項司扣緩發學官俸銀廿兩，及扣發他款各細數，均托該管逐股行知，諒無典籤。奏肖情形，前已稟明，仍禱詳覆，以期妥協，幸勿遲延爲要。

王爺來省辦買各物，先取用銀一十四兩，臨行復使車價川資銀四兩五分，又買煙土使銀七兩五分，計共使銀廿六兩。前後兩稟，數故不符，請即傳詢，設有錯誤，書甘願領咎。

報局之局，午節已付，去年之帳，容催查問，補治清楚，另再佈陳。專此，恭請升安。

五月初十日，升字□號。

次山仁兄大人閣下，昨駕踵省，暢聆面教，欣積慕之稍釋，悵諸事而未周。彼此至好，諒必曲爲原之於格外也。辰維福躬迪吉，潭祉嘉祥，爲慰是頌。日前突奉上人來函云，閣下旋署，面陳在省由敝處共使銀一十六兩。查核弟帳，開列兄使二十六兩。互較計錯，少銀一十兩。究係筆誤，或有別故，令即查覆，以免浮冒云云。祗奉之餘，曷勝詫異，即斥小兒逐細查詢。

據陳，閣下在省，初次云做銀活，並送拉麻，共取銀一十四兩。俟于嗣臨行前一日，復云購買煙土五十兩，應付價銀七兩五錢，又云車價川資尚應需銀四兩五錢，後取用銀一十弍兩。連前共使過銀廿六兩，並無錯誤。等語。△即如情備細肅稟，意爲傳詢臺端，自可水落石出。弗料昨日復接上信云，詢閣下只使過銀一十六兩，並無廿六兩之說云云。閱之爲涼水灌頂而下，令人悶然，殊不可解。茲特專函飛懇，務祈我兄，念切素好，實使若干，在上人前代明不白，俾盆冤昭雪，定當嗚報于畢生矣。併望回示，以慰翹盼。專此，福安百益。致化平王爺。

六月廿日。

敬稟者：接奉手示，祗聆一切。

領解各項，遵囑司房，逐細行書，諒入電鑒。前解過地丁二百九十餘兩之庫收既係重腹，請即置之，焚餘之數，詢及司管，有批迴簽印，並行書存案爲據。不比再補庫收，以免紛政。

王也來省，[17]所用之項，查詢至再，並無浮錯，遵已專函。致問有何緣故，令其就近面稟矣。想渠素性樸實，△所深書端，不能因此逼逼數金，陷人于不義也。借墊之項，請早擲償，免更逼迫，是所盼禱。更造奏肖，已賫到司。俸銀長扣若干，商及該管，容後請領，如數我發，不致有誤。

梟司馹站春季飯食，實銀給付，詢繫誤催。究書疏忽，責無可辭。惟乞誨究感歉無地，詳請實授。前賫至司，因辦不合，駁令更賫。兹復到司，未由道轉，仍屬不合。司擬發更，另行詳辦。書聞之下，恐致遺誤，即托援辦，赴辦詳咨，司院優考。容俟辦定，再錄飛稟。所需筆資從減，商說司房六兩，院房四兩，應否爲當，候示祗遵云云。專此，恭請升安。

六月廿六日，升字□號。

敬稟者：接奉鈞示，種種祗聆。

冬春俸工，因何錯少，托遵細查。據云，春季廳俸未發，其餘俸工例不勻閏，並無錯異。至冬季各項，通年核算，尚未支銀八兩八錢八分，俟下屆請領，如數補發，另開清單，呈請電閱。程途里數，托商代辦。二金不允，懇說至再。繪圖繕造，一切在內，共費四兩。囑暫緩催，應否照辦，請奪示遵。

前解地丁，因候領款，收庫稍遲。雖應例議，業托該管，專詳請免，諒不有虞。惟是此後如遇解項，祈將領文先行遞發，庶免久候遲延之誤。請銷試俸，已催司房，趕辦詳院，謹錄文稿，呈請升覽。司院筆費，各應若干，伏候示遵。轉屆秋節，拮據異常。望速賜濟，感盼靡已云云。專此，恭請金安。

七月初八日，升字□號。

敬稟者：陳爺穫運地丁，因途次兩阻，于初五日安抵省垣，留住敝處。接展鈞示，一切祗聆。

請領文件，刻即成投。[18]運來現銀，遵同繳庫。而近來薇轅公事非昔可比，自張憲苾任以來，諸務循舊，各處解款，批載若干，必令將銀如數繳清，方准投文。所以此次運解之項，須俟領款發下，始能統收，遵催趕辦，不致有誤。

程途冊案，前次磨講，應費四金。茲復商說，再少不肯。詳銷試俸，說減至再。司院兩處共費六金，遵均照付，以期妥協云云。

八月初六日，升字□號。

敬稟者：請領各項，文已呈投。催促趕辦，一俟核發，即繳地丁。何日收庫，再爲飛稟。惟屆秋節，異常拮據。秋季領項，既荷俯賜，乞早遞省，藉甦魚困，是所叩禱云云。專此，恭請升安。

八月初七日，升字□號。

敬稟者：頃奉鈞示，一切祗聆。

請領各項，力推趕辦，容俟核發，即將地丁掃數清繳，不致遲延。

朱筱堂丁憂，景況頗苦，何蒙府憲倡囑同鄉從豐惠助，以資回籍。聞李軍門廣珠、李雲溪明府各送銀二十兩，即省中聽鼓者亦各助銀十兩或八兩不等。尊處六金，書商陳爺，似乎覺微廉，遵未呈送。應否加贈，不敢擅專，謹稟陳明，望奪示遵云云。專此，恭請升安。

八月十六日，升字□號。

敬稟者：請領各項，催房趕辦，念六日可能核發。地丁地銀兩，約於念九日即可收庫。

九月九日爲宮保誕辰，應否送禮，望奪示遵。

請銷試俸，已催出題，謹錄底稿，呈請電鑒云云。專此，恭請升安。

八月廿三日，升字□號。

敬稟者：前具寸稟，計入典籤。

地丁銀兩，業經收清，已扯批回。陳爺趕覓，車二三日內即可出省。

朱筱堂紳儀，遵躊至再，擬酌送銀一十二兩，收條再呈。因朱君行期已迫，若候鈞示，恐致遲誤，故敢擅專。諸祈鑒原爲禱云云。專此，恭請升安。

九月九日，升字三十三號。

敬稟者：前具寸稟，計入升鑒。

程途册案，因係初創，司無案據。前商梟房，云俟鄰封之册齎濟，即可仿查，就近代造。弗意各處圖册屢經嚴催，所齎寥寥，奈限緊迫，柏憲著意，責令該管，凡已到者，將案送內分剔核發辦，如未到者，刻即統催。以前迅速，勢處猾猝，情難回獲。昨復行催，計已到案。商及司房，請照分查，無論粗細，彙造一册，具文詳齎，免上查究。復飭頻催，尤祈簽賜印册，俾可代爲更造，仍俟辦清，抵抄底呈。考敝處窘迫，諸惟陳爺旋署，想已面稟。日盼賜濟，真如大旱之望雲霓也。務懇俯憐鮒況，格外鴻施，早爲濟急，俾資展轉，感恩莫既云云。專此，恭請升安。

十月廿三日，升字卅八號。

敬禀者：頃接手諭，一是祗聆。

程途册案，疊催情形，前已禀明，諒蒙原鑒。祗奉之下，遵復諄托，該管代爲篡造矣。

秋季廉銀，刻即呈投，實發若干，一俟領獲，再爲開報。趙祥即照付交，收條再呈。迤遣册費、報資銀兩，均已付給，祈釋遠廑。

提册司差，尚未到省。征信册案，如何辦理，俟奉鈞示，即遵照辦，不致有誤云云。專此，恭請升安。

冬月初十日，升字□號。

敬禀者：司差到省，接奉鈞諭，一是祗聆。

征信册籍，即商托辦。據該管云，造贄之册，仍多不合，必須全更，方能核辦。商說至再，除繕册字工按頁另付外，應給篡更册費四金。就近更造，不致挑駁。

記過一層，擬應筆費，托房援辦，承機注銷，俾免領銀查扣之虞。能否如願，容辦有效，刻再飛陳。專此，恭請升安。

冬月十九日，升字□號。

敬禀者：頃奉手示，一切均聆。

征信册案，應費四金，不致挑駁。惟記過一事，若不設法早請注銷，恐領養廉，必致劃扣。前禀情形，諒蒙鑒及。應否照辦，望速示遵。

宮保壽錢三兩，照廳憲書三兩，均即照送，收條再呈。南糖三觔，遵於日內購交妥便，帶至平涼，請差往取，不致有誤。專此，恭請升安。

冬月二十五日，升字□號。

敬禀者：前具寸禀，計入鈞鑒。

征信册案，應費辦妥。現值清繕字工若干，再爲禀報。

记过一层，若不乘机设法请销，现领养廉，定须划扣。遵托该管，竭力婉为。幸已玉成，办准注销，日内行知。应费四金，遵已垫付，祈请记档云云。耑此，恭请升安。

全月初十日，升字□号。[19]

敬禀者：顷接钧示，种切祗聆。

领款文件，即投托办，一俟核发，即缴地丁。是否盈绌，另再报陈。

征信册案，核办销过，各需四金，前已详禀，谅在冰鉴。昨册缮出，复需字公钱二千一百文，遵已照数垫给矣。程途之案，奉部严催，司复通行。皂房来云，俟接到案，请搁勿覆。伊等现在赶办底册，待稿核妥，交书递呈。请照造赍，以期妥协。逃遣询系接到部文，行通道饬，碍难划除。是以转催费已早给，并无别故，祈请鉴原。

下忙处分，商及司中例祗罚俸，且已咨免，虽未奉覆，似无关要。如酌有限，请夺安置，俾免挑剔。

所云篆卿者系院监印，现补山丹。王明府荣绶之号，各处银两均已兑送，并无迟延。惟赵详之项已付廿金，取有收条。据云尚欠渠银五两有奇，嘱代禀恳，俯怜寒苦，照数酌赏，以清款而济涸鲋。等语。应否有当，望示祗遵。专此，恭请升安。

全月廿九日，升字□号。

托翰墨为生涯，把总是英豪。祗聆钧鉴，奈景大五城本泛之。

光绪拾柒年新正月吉日立①

敬禀者：新正人日，接奉钧谕，谨聆种切。

---

① 所编光绪十七年(1891)禀稿，其具体的具文时间自正月初七日起，七月十三日止，共二十七件。录存十六件。十一件禀稿未录，包括一号、三号、七号、十号、十二号、十九号、二十号、二十二号、二十三号、二十五号、二十六号。四月十四日升字十四号禀稿后附同时致张仲武书信一封。

請領文件，均已呈投。奈將換歲，諸事停滯。遵催趕辦，一俟核發，即將地丁隨堂清繳，不敢有違。
　　招審鄭興發一犯二解，年前到省即收禁。俟開篆提訊，再爲稟報。應需到省各項小費錢三串，籠費銀二兩，遵照安置。犯役日需口食錢二百文，遵自元旦起按旬給領，不致貽誤。耑此，恭請升安。
　　正月初七日，升字二號。

　　敬稟者：前具寸稟，計入升鑒。
　　請領各項，因藩臺閱看遲滯，竭力催辦，初六九日約能核發。地丁銀兩隨堂趕繳，不致有誤。耑此，恭請升安。
　　二月初一日，升字四號。

　　敬稟者：張大爺至省，接奉鈞示，種切祗聆。領解諸件，遵同張大爺商酌辦理，不致貽誤。俟有端倪，再爲細稟。
　　去臘寄省請領各項，已催辦妥。因發大餉，尚未領獲，定於十三可能核發。地丁各款，約期十六九日始能收庫。批回扯獲，刻即飛稟。張大爺買物銀二十二兩，王廚子銀十六兩，均措兌交。收用各帳，張爺返署，統交帶呈，祈勿錦念。昨閱京報云云。專此，恭請升安。
　　二月初九日，升字五號。

　　敬稟者：前具寸稟，計入升鑒。
　　地丁各項，除張大爺携來現銀二百兩，同向錢鋪告借銀三百兩，照數添解請領。去歲秋冬二季廉工等項，始于十六日掃數核發。領獲實銀三百五十餘兩，遵將解項措凑繳足，均催趕辦，于十九、念三兩期定能收清。扯取批回，逐開細帳，托交張大爺賫呈鈞閱，不致有誤。
　　程程途一案，非晚欺罔，實係該管初不料如是之難，慨然應諾。繼力有不逮，致屢行催。既經繪造，俟賫到案，即托援辦，不致再駁也。此事之曲折,並⊿之不白,非筆楮所罄,亦非意料所及。一切俟張大爺到日面爲細稟,諸望寬宥爲叩。

十五年下忙遲延,奉到部文,例議降二級留任。處分文內敘明,已由覃恩加級內抵銷訖。同案被議者,係階州區、環縣唐、固原州羅、寧州胡、平凉縣別、莊浪縣丞維綸、董志縣丞危澍滋等共八處。除危澍滋抵銷一級,別塋、維綸無級可抵,俟補官日再行降留外,餘均由加級抵銷免議矣。院接電報云云。耑此,恭請升安。

二月十八日,升字六號。

敬稟者：前具寸稟,計入典閣。

地丁各項,極力告貸,如數湊交,業於日前懸牌收庫矣。扯獲批回並領用細帳均交張大爺,擬初二日啓程返署,到日面呈。

敝處墊項,除舊帳暫擱外,去秋至今,共又墊銀二百四十八兩有奇。又,此次借用錢鋪添繳地丁庫平銀三百兩,以春季廉工領償約又不敷銀三十餘兩,統計墊款,又近三百。街道清苦,⊿實力有不逮,務懇垂情舊雨,速賜接濟,免受追呼,則感隆施於無既矣。

前駁舊帳不合甚多,與張大爺逐股指陳,囑代稟懇,尤乞俯念素愛,措賞俾資展轉,寸草有心,斷不敢頓忘所自,是則不勝千祈萬禱者耳。頃云云。專此,恭請升安。

二月二十八日,升字八號。

敬稟者：張大爺定于初二日出省返署,敝處各帳,開交帶呈,一切到日,面爲細稟。

沈二尹急擬交卸一層,張大爺囑轉托吏友,應許筆費,極力設法,幸已如願。請即轉答是禱。頃云云。專此,恭請升安。

三月初一日,升字九號。

敬稟者：前肅寸稟,計入升鑒。

張大爺計早旋署,省中一切及敝處帳務,想均面爲細陳矣。尤望垂憐舊雨,速賜接濟,以甦涸鮒,是所不勝翹企禱盼者耳。

請修城垣、廟宇各工,已由本道核轉到司。遵托該管,極力援辦。奈經費過多,籌款實難,婉爲至再,將修文廟之工料五百九十餘兩如請辦准,厘局核發,以資工需。其餘之工,暫批從緩。後再設法,遵催司房,業已詳院。俟奉院批,即鈔飛呈。所需筆費,索取甚大。遵再減說,俟議定數,刻即另佈。藩憲云云。專此,恭請升安。

三月二十日,升字十一號。

敬禀者:前具寸禀,計入升鑒。

張大爺計早旋署,省中一切諒面細陳。敝處墊項,望眼欲穿,未蒙賜下,殊爲焦盼。拮苦情形,久在洞鑒。轉瞬端節,萬分緊迫,務懇垂憐鮒況。早賜接濟,感泐靡已。

請修廟宇,力托援辦,欣已玉成,如數核准。復托援承,由省鳌局就近撥發,免解地丁。携運之勞城工一層,商托院友,設法婉轉。批尾叙明,此工告竣,再請修葺。庶將來詳辦,不致掣肘。謹錄院批,呈請鈞閱。催房趕辦,不日即可轉飭也。所需筆費,商說至再。司院每百共給十金,援撥發銀及援批城工二項各應四金。應否有當,請奪示遵。

輿圖之案,各處所造均多不合,故藩憲統令駁更,以規劃一,致難就近代更。偵其最要者,在圖說分別山水坪溝耳。遵借辦妥圖說一紙,字數過多,僱人趕鈔錄出,禀呈仿照辦理,以期妥協。宮保啓節河州,閱復改念間前往之說。耑此,恭請升安。[20]

三月二十九日,升字十三號。

敬禀者:前具寸楮,計入鈞覽。

請修廟宇,力托辦妥,准催速行,諒已到案。司院筆資,前已陳明,望速擲省,藉資安置。

興局圖説，遵將已經辦妥之涇州者，照錄一紙，呈請鈞閲。飭房仿造，免駁煩勞，徒費紙筆。俟賫到省，設稍不符，即懇內外關照援辦，不致駁更。

敝處墊項，張大爺旋署，一切面稟，諒蒙慈鑒。自應靜候，曷敢煩瀆。惟是瞬屆端陽，實難周轉。務懇早賜濟急，以救燃眉，是所禱切，不勝引領翹待之至云云。專此，恭請金安。

四月十四日，升字十四號。

仲武仁兄大人閣下：前駕蒞省，獲親笑言，紬繆數日，快慰何如？既送榮旌，方心歉于未周；忽捧賜翰，乃齒芬之是謝。載誦載讀，實慚實感。近維公私如意，潭第凝祥，至以爲頌。

興圖一事，詢悉尊處。所造過粗，碍難爲力，故遭駁更。茲托局中將業造妥涇川圖説照錄一紙，請令該管仿照查造，免勞紙筆。俟更到案，如無大錯，即懇內外設法關照，不致挑駁。

練績堂處所撥庫紋百金，於今日始行討獲，遵收接濟，但杯水車薪，瞬屆午節，拮據萬分，實深焦愁。前荷金諾，在上人前代陳苦況，將夏季各項給領接需，曷勝感激。弟則惟日引領翹盼，尚望垂情舊雨，慾憗早賜，以解倒懸，是所切禱。

至存券字，實因通融押寄錢鋪，後有妥便，設法贖回，交付帶呈，以釋疑異。想上人知愛有素，必能相信也。所訂帽鋪銀三十五兩，逼索急迫，力推無奈，遵貸給付，請速匯來，以資歸趙爲盼是禱。具此懇楮，恭請福安。並候閤潭慶祉。

四月十四日。致張仲武。

敬稟者：接奉鈞示，驚悉二老爺因病告終，殊深悼惜。惟念閣下友愛異常，邊抱折羽之悲，自必憂痛過度，但生死有命，豈人意料所及。尚望觀達節憂，諸凡自玉爲禱。

修廟工程，道轉至司，△恐請示往返遲誤，故即擅專，應酬托辦。

幸已玉成，催即行知，計早到案。所應筆資，復商至再，議以八金計付。據云將來如請修城，力再啚報。請即具領，乘時興修，併將筆費早爲賜下，以資分給爲禱。

敝處舊墊之項，前蒙俯諾，去歲歸清，弗意秋季只領收銀一百四十餘兩。昨張大爺來省，遵將苦情並承駁不符各款面爲細陳，並令犬子逐股指述，懇其回署，如情面稟，代叩鴻施。種種鄙況，諒蒙清聽，尤乞俯憐舊雨，復加清算，早日擲下，免受逼迫。至去歲迄今，除收所墊之二百多金，併懇速賜籌償，以濟涸鮒，曷勝翹盼。

添解下忙不敷，張大爺同⊿借用錢鋪銀三百兩。除將春季各項如數領付外，計尚欠銀三十五兩九錢五分六厘。茲開清摺，呈閱帶省，以資歸趙爲禱。耑此，恭請升安。

四月二十九日，升字十五號。

密稟者：頃偵得院接平凉道密稟，以閣下公事尚屬明白，惟賦性軟弱，且與人地未宜，民望不符，可否飭司量移易治之區，速遴賢員署理該廳。嚴革諸弊，善馭回民，庶於該廳政治，張猝考成，而有裨益。愚昧之見，是否有當，伏乞訓示。等因。逖聽之下，曷勝惶悚。遵懇諸友，極力援護。但願吉人天相，庶冀化險爲逸。如何批詞，容再抄呈。耑此，恭請升安。

五月十三日，升字十六號。

敬稟者：道稟至省，幸値宮保出巡河州。院署公件，雖云藩臺代折代行，而緊要事宜仍須封遞行轅，親閱批辦。偵及此稟昨已遞往行轅矣，瘖痲躊躇，乏策可展。思維至再，遵懇貴同鄉李雲溪、陳雲亭二公，力求首府，設法排解。如能先行委員查辦，再爲轉灣，即可風平浪靜。薇轅李雲翁常往診疾，陳雲翁亦在署內供差，均屬近水樓臺。晚亦懇乞相機婉求，並托內友，遇便介紹，均如所請，諾力斡旋。柏臺在平多年，閣下久邀器重，諒無不極力援承也。聞制軍定於念一二日返節晉省，如何情形，容偵再佈。耑此，恭請升安。

五月十八日，升字十七號。

敬稟者：月之十三、十八日，兩肅飛稟，密陳一是，諒入鈞鑒。

道稟之件，遵懇同鄉諸公力爲婉求，奈聞觀察另有函囑，故致上峰頗有議論。

宮保今日始能抵省，能否挽回，尚難逆料。容偵如何，再爲飛佈，尤祈鈞奪。署中緊要各件，預爲料理，再看機若何耳。管窺之見，伏望原鑒。頃方伯云云。耑此，恭請升安。

五月廿一日，升字十八號。

敬稟者：頃奉訓示，種切祗聆。

回紳捏遞諸情，童樸翁旋蘭，均已晤談備悉矣。事之反復如此，竟出意外，令人浩嘆。從此刁風漸長，恐後來者亦難措置裕如也。我父臺見機而讓，卓見誠是，殊深欽佩。聞各憲洞悉其情，擬俟閣下交卸至省，量移善地，尤希達觀寬懷是禱。文廟工程業經辦准，司院小費業已給付。如移交時，請照扣除，庶免賠墊爲要云云。耑此，恭請升安。

五月廿八日，升字二十一號。

敬稟者：接奉鈞示，一起祗聆。

牌委代理，究因何故，遵密偵探，總莫確耗。想諸峰辦事極公至正，或恐不白，俟閣下至省，查詢明確，再作酌辦耳。尚望忍性以耐，水落終須石出，涇渭何愁不分。此日仔肩暫卸，指顧善地榮膺，勿以塞公之得失過爲介意也。

李雲翁處，張羅之數，遵力慫恿，如何另佈。省中公舘，趕即覓租，惟何日動身，請先飛示，好預備一切爲要。聞得云云。耑此，恭請鈞安。

六月二十二日，升字二十四號。

敬禀者：頃奉鈞示，種切祗聆。

道憲聞一二日內即可晋省。交代一事，偵商如何，再爲飛禀。遵舊照支，何日截止，務望示遵。再聞陳君省務乏人，如擬録用，叩乞推荐爲禱。又聞云云。耑此，恭請金安。

七月十三日，升字二十七號。

【校勘記】

［1］升：此字原無，據《化平廳草簿》書例補。

［2］光緒十三年新正吉日立：此十字原無，據《化平廳草簿》書例補。按，所編光緒十三年（1887）禀稿，其具體的具文時間自正月初十日起，至臘月二十六日止，編號至六十二號。共録禀稿三十八件（其中二號、八號各含兩件，未單獨編號）。二十六個編號的禀稿未見，包括一號、三號、五號、十號、十三號、十五號、十七號、十八號、二十一號、二十三號、二十四號、二十六號、二十九號至三十二號、三十五號、四十六號、四十九號、五十二號、五十三號、五十六號、五十七號、五十八號、五十九號、六十一號。十九號禀稿缺時間落款，疑爲三月某日。三件四月份具文的禀稿未按時間順序編排，以"又"字標識其爲補充編排的，分別是初一具文的二十五號，十一日具文的二十七號，十七日具文的二十八號。

［3］升字七號：此四字原無，據《化平廳草簿》書例補。

［4］經：據文意，疑當作"輕"。

［5］馬尤保：下文又作"馬由不"。

［6］九月：原作"八月"，據禀稿編號具文月份改。

［7］延緩：原作"延綏"，據上下文及文意改。

［8］□號：此二字原脱，據《化平廳草簿》書例補。

［9］升字□號：此四字原脱，據《化平廳草簿》書例補。

［10］升字□號：此四字原脱，據《化平廳草簿》書例補。

［11］升字□號：此四字原脱，據《化平廳草簿》書例補。

［12］覓：原作"覽"，據前後文及文意改。

［13］啚：原作"力啚"，據四月十七日後重出閏月十四日禀稿及文意改。

［14］專此恭請升安：此六字原無，據四月十七日後重出閏月十四日禀稿及《化平廳草簿》書例補。

［15］但請領：此三字下原衍"文件早已分報遵催趕辦但請領"十三字，據删。

［16］四月十七日禀稿後原重出閏月十四日禀稿。光緒十六年（1890）閏二月而非閏四月，

閏月十四日稟稿不當編排在此處，據刪。
［17］王也：據文意，疑當作"王爺"。
［18］成投：據文意，疑當作"呈投"。
［19］□號：此二字原脫，據《化平廳草簿》書例補。
［20］安：此字原脫，據《化平廳草簿》稟稿書例補。